하느님 우야꼬예?

❶

조스 신부의

하느님 우야꼬예? ❶

교회인가 2021년 7월 16일(천주교대구대교구)
초판 1쇄 발행 2021년 11월 30일

지은이 조현권

펴낸이 김문상

책임편집 나윤희
일러스트 김근영
디자인 홍익포럼
인쇄 분도인쇄소

펴낸곳 (주)가톨릭신문사 | 등록 제1999-000017호
주소 41933, 대구 중구 서성로 20(계산동2가 71)
전화 053)255-4285 | 팩스 053)251-0788

ISBN 978-89-91381-69-8 04230
978-89-91381-68-1 04230(세트)

책값은 뒷표지에 있습니다.

하느님 우야꼬예? 1

기쁜 신앙 생활을 위한 조스 신부의 단상과 소고

조현권 지음

가톨릭신문사

구원의 길에서 신앙의 기쁨을 찾는 모든 님들께

이 책을 바칩니다.

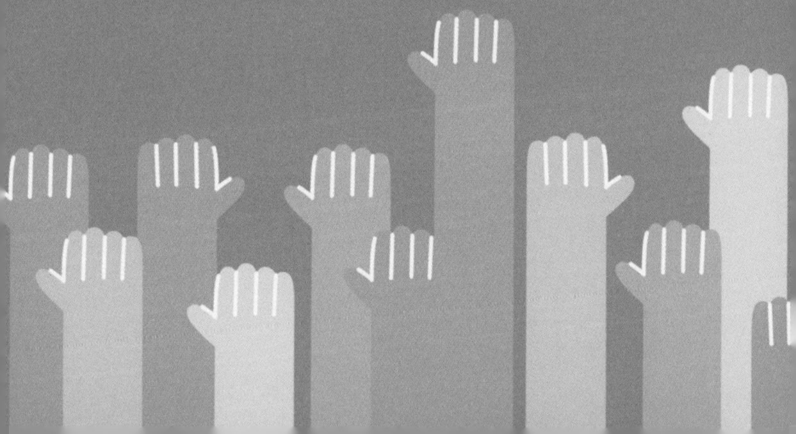

교리 공부를 와 해야 하는데예?

주일학교나 예비자 교리반에 다니며 교리공부를 한 적은 있어도 그 이후 특별히 더 공부할 기회를 가지지 않은 분들이 많으실 겁니다. 하지만 신앙교리에 대한 지속적인 관심과 공부는 신앙인 누구에게나 꼭 필요합니다. 왜냐구요? 하느님께 대한 신앙과 지식은 서로 상호관계를 가지기 때문입니다. 즉 하느님께 대한 지식이 깊을수록 그분을 향한 신앙도 더 깊어지고, 하느님을 향한 신앙이 깊을수록 그분께 대한 지식도 더 깊어지기 때문이지요. 그러니 교회의 교리를 공부한다는 것은 단순히 지식적인 축적에서 끝나지 않고 우리의 신앙을 심화시킬 수 있는 좋은 방법입니다. 신앙 체험도 물론 중요합니다. 하지만 그 체험 못지않게 하느님을 지식적인 면에서 알아가는 인식도 중요합니다. 알면 알수록 그만큼 더 많이 보인다는 말처럼, 하느님을 알면 알수록 그분께 대한 신앙도 당연히 더 깊어질 것입니다.

'교리'教理라는 말은 라틴어로 '카테키스무스'Catechismus라고 하는데, 그 어원을 보면 '메아리치다' 라는 뜻을 갖고 있습니다. 그렇다면 교리란 '나자렛 예수님께서 이 세상에 전해 주신 소식', 곧 '복음을 메아리치게 하는 일' 이라 하겠습니다. 예수님께서 우리에게 전해 주신 구원의 소식을 세상에 이렇게 메아리치게 하는 것, 곧 사람들이 들을 수 있도록 외치는 것, 그것이 교리입니다.

이 책에 실린 단상斷想과 소고小考들은 2015년부터 2019년까지 월간 「레지오 마리애」 잡지에 실렸던 '사도신경에 나타난 교회의 가르침' 과 〈공부합시다, 신앙교리!〉라는 제목의 글들을 기반으로 다른 글을 더 첨가하여 정리한 것입니다.

이러한 글이 나오도록 배려해 주신 조환길 타대오 대주교님과 천주교 대구대교구, 한국 세나뚜스와 기꺼이 졸필을 읽어 주신 레지오 마리애 단원들, 출판을 허락해 주신 가톨릭신문사 김문상 디오니시오 사장신부님과 예쁜 책으로 잘 엮어 주신 홍익포럼 나윤희 그라시아 대표님께 감사드립니다.

지난 사제직 30년을 허락하신 주님께 제 자신을 새로이 봉헌하는 마음으로, 또한 부족한 저를 지금까지 사랑과 기도로 함께 해 주시고 대해 주신 모든 분들께 감사드리는 마음으로 이 책을 바칩니다. 아울러 독일에서의 학업과 사목의 시간에 도움을 주신 모든 분들께도 저의 고마움을 이 책에 담아 전합니다. 부디 이 책이 복음의 메아리로 울려 퍼져 보다 많은 님들이 교리를 잘 이해하고 기쁜 신앙 생활을 해 나가시기를 소망합니다.

2021년 모든 성인 대축일에

대구 성모당에서

조현권 스테파노 신부

차례

하느님 우야꼬예? ❶

하느님 우야꼬예? ❷

신앙의 길에서 마주하는

8개의 **질문**과 **답**

질문1 **하느님을 만날라카머**만나려면 **우째야**어떻게 해야 **되예**되나요**?**

조스 신부 하느님을 아는 것은 실천이 요구됩니다. 하느님을 제대로 알려면 먼저 사랑의 실천이 따라야 합니다. **그리스도인은 하느님을 아는 만큼 그 분께서 원하시는 사랑을 실천하는 사람입니다.** 사랑하지 않는 사람은 하느님을 결코 제대로 아는 신앙인이 아닙니다!

질문2 **10원에서 1원을 내놓으라꼬예**내놓으라고요**?**

조스 신부 우리가 바라는 구원은 하느님의 은총으로 이루어집니다. 하지만 **하느님의 은총에 대해 인간의 응답이 따라야 완전한 구원이 이루어집니다.**

질문3 **그리스도님은 말라꼬**뭐할려고 **살고 죽으신 건데예**건가요**?**

조스 신부 우리 인간은 자신의 자연적 능력만으로는 하느님의 생명과 지복에 다다를 수가 없습니다.

우리의 구원을 위하여 사람이 되어 오시고 사셨으며 돌아가셨으나 부활하시어 승천하신 그리스도께서는 하늘에서 당신의 사제직을 영원히 수행하고 계시므로, **당신을 통하여 하느님께 나아가는 사람들을 언제나 구원하실 수 있는 분**이십니다.

질문4 **하느님을 만나게 하는 성사가 뭐라예**뭔가요**?**

조스 신부 성사는 **'하느님의 은총을 인간들에게 전달'** 하는 **'하느님 은총의 효과적인 표징'** 으로 '합당한 마음가짐으로 성사를 받아들이는 사람' 들에게서 결실을 맺게 됩니다.

질문5 **성체는 우째**어떻게 **공경해 왔는데예**왔는가요**?**

조스 신부 파란만장한 **교회의 역사 속에서 성체성사의 거행과 그에 대한 이해와 공경은 많은 변천을 겪어**왔습니다. 그러면서 그 속에 긍정적인 면과 부정적인 면이 함께 있어왔습니다.

질문6 **<사도신경>에서는 뭐라꼬**뭐라고 **카는데예**하는가요**?**

조스 신부 그리스도인들이 고백하는 신앙을 요약한 것이 '신경' 이며, 그중에 대표적인 것이 〈사도신경〉입니다. 신경은 이단으로부터 그리

스도교를 보호하려는 노력에서 나온 것으로서 **신앙의 참된 내용을 요약하여 담아낸 교회의 보물**과 같습니다.

질문7 **전대사 받고 바로 죽으면 천국 가예**가나요**?**

조스 신부 "교회는 (대사로써) **그 신자를 도울 뿐 아니라 신심 행위와 참회와 자선을 행하도록 그를 격려**하기도 한다"는 『가톨릭교회교리서』(1478항)의 가르침에 귀 기울여야겠습니다.

질문8 **신앙 생활을 우예**어떻게 **하면 되는데예**되는가요**?**

조스 신부 사랑의 하느님은 친교의 하느님이시고, 친교의 하느님은 우리를 당신과의 사랑에로, 곧 친교에로 부르고 계십니다. 친교의 관계 속에 살고 있는 우리는, 서로 사랑하는 가운데 하느님께 사랑의 응답을 드릴 수 있습니다. 이러한 **응답이 가장 효과적으로 이루어지는 곳이 교회**입니다.

하느님을 만날라카머 우째야 되예?

첫째 글

하느님 우얗꼬예?

/1

하느님을 닮아 창조된 인간

인간은 하느님의 모상으로 창조된 존재

하느님께서 당신의 모습으로 사람을 창조하셨다는 것은 교회가 고백하는 신앙의 진리입니다. 인간이 하느님의 모습으로 창조되었다는 것은 하느님께서 인간을 모든 피조물 중에 그야말로 존엄한 존재로, 고귀한 존재로 창조하셨다는 것을 뜻합니다. 그리고 인간이 위대한 존엄성을 갖고 있다는 것은 세상의 모든 피조물 가운데서 오직 인간만이 창조주 하느님을 알고 사랑할 수 있는 존재라는 것이고, 인간만이 하느님을 알고 사랑함으로써 하느님의 생명에 참여하도록 부르심을 받았다는 뜻입니다. 이것이 바로 인간이 창조된 목적이고, 인간이 참으로 귀한 존재라는 인간 존엄성의 근본 이유입니다. 이를 시에나의 성녀 가타리나 St. Catherine 1347-1380는 이렇게 고백하였습니다.

어떤 이유로 당신께서는 인간에게 이처럼 위대한 존엄성을 주셨습니까? 그것은 하느님께서 당신 안에서, 비길 데 없는 당신의 사랑을 통하여 피조물을 바라보시고, 당신 피조물에 반하셨던 그 사랑 때문입니다. 당신께서는 그 사랑 때문에 그를 창조하셨으며, 그 사랑 때문에 그를 존재하게 하셨습니다. 이는 그가 당신의 영원한 '선'善을 맛보게 하시려는 것입니다.

육체와 영혼으로 하나인 존재

우리 인간은 영혼과 육체로 하나인 존재입니다. 성경의 이야기는 이러한 사실을 상징적인 언어로 설명하고 있습니다. "주 하느님께서 흙의 먼지로 사람을 빚으시고, 그 코에 생명의 숨을 불어넣으시니, 사람이 생명체가 되었다."(창세 2,7). 우리 교회는 "육체는 영혼의 감옥"이라는 희랍철학적 사고방식을 분명히 거부하고 있습니다. 영과 육의 일체로 있는 존재가 우리 인간이므로, 영혼이 따로 있고 육체가 따로 있는 인간은 있을 수 없다는 것입니다. 영혼과 육체가 같이 있어야 살아 있는 인간이지, 그렇지 않다면 이미 죽은 존재와 같습니다. '건전한 육체에 건전한 정신' 이라는 말처럼 영혼과 육체는 함께 가는 것입니다. 자신이 육체와 분리된 영혼을 가졌다고 하는 사람은 그 자체로 모순된 존재일 수밖에 없습니다.

하느님의 모상으로 창조된 인간의 자세

사랑의 하느님은 우리 인간을 당신의 모상에 따라 창조하셨습니다. 자유 의지를 우리 인간에게 주신 하느님께서는 우리가 그 자유를 가지고 책임있게 사랑하는 삶을 살기를 바라셨습니다. 이런 의미에서 하느님의 피조물인 인간은 결국 하느님께 종속된 존재이며, 동시에 자유 의지와 이성을 갖추고 하느님과 담화하는 존재라고 할 수 있습니다. 인간은 하느님 앞에서 가치를 지닌 존재로 하느님의 동반자가 되고, 하느님의 본성에까지 참여하도록 부르심을 받은 존재입니다.

하느님의 모상인 인간은 하느님과 올바른 관계에 있어야 하느님의 창조물다운 존재이며, 하느님 앞에서 사랑으로 응답하는 과제를 지니고 있는 존재입니다. 그러므로 우리 인간의 삶은 하느님의 축복인 동시에 하느님으로부터 과제를 안고 이 지상 위에 던져진 채 살아가는 것으로 이해할 수 있습니다.

하느님은 인간을 남자와 여자로 창조하시고, 다른 이들과 더불어 살아가도록 창조하셨습니다. 하느님과 관계하여 (수직적 관계 속에) 살아가는 인간은 인간 상호 간의 관계 속에 (곧 수평적 관계 속에) 살아가도록 되어 있습니다. 그러므로 하느님의 모상으로 창조된 인간은 하느님을 사랑하면서, 정확히는 하느님의 사랑에 응답하면서 다른 사람과 더불어, 함께 살아가야 합니다.

하느님께서 우리를 사랑으로 만드셨기에, 우리는 본성적으로 사랑을 갈망하며 살아갑니다. 우리는 언제나 누군가의 사랑을 받기를 원하고, 또 그 누군가를 사랑하기를 원하며 살아갑니다. 사랑으로 우리를 창조하신 하느님의 뜻대로 하느님의 사랑에 감사하는 마음으로 응답하는 삶을 살아가는 님들이 되시기를 바랍니다!

하느님께서 인간을 창조하신 이유

우리 신앙은 "하느님은 존재하는가?"라는 근본적인 질문에서 시작합니다. 그리고 이 질문은 "하느님께서는 왜 우리를 창조하셨는가?"라는 질문으로 이어집니다. 아무 것도 부족함이 없으신 하느님께서 우리 인간에게 어떤 영광이나 감사를 받겠다고 인간을 창조하신 걸까요? 아무 것도 부족한 것이 없는 하느님께서 인간을 창조하신 이유는 오직 사랑이라고 할 수밖에 없을 것입니다.

그리스도교는 하느님께서 당신의 넘쳐나는 사랑으로 우리 인간을 창조하셨음을 고백합니다. 사랑이 충만하신 하느님께서 당신의 사랑을 우리에게 나누어 주기 위해서 우리를 창조하셨습니다. 그래서 그분은 우리 인간에게 생각할 수 있는 능력과 자유 의지를 주셨고, 그런 인간을 택하시어 당신과 사랑을 나눌 수 있는 대화의 파트너로 삼으셨습니다. 그렇다면 우리 인간은 하느님께서 만드신 원래의 목적대로 살아야 마땅합니다. 하느님께서 바라시는 대로 살아가는 것이 바로 우리 삶의 목적이고, 또한 그러한 삶이 바로 하느님께 영광이 되는 것입니다.

하느님을 알 수 있는 인간

"인간은 자신의 능력으로 인격적인 하느님의 존재를 깨달을 수 있다." 이것이 우리 교회의 공식적인 입장입니다. 즉 우리 인간은 이성의 타고난 빛을 통해 하느님께서 창조하신 피조물을 보면서 '그것을 만드신 하느님이 계신다는 것', 곧 '인간을 넘어서는 하느님이 참으로 계시다는 것'을 인식할 수 있는 것입니다. 그렇다고 한갓 피조물인 우리 인간이 '창조주 하느님은 어떠어떠한 분이시다'라는 식으로 하느님에 대해서 자세하게 알 수 있다는 말은 아닙니다.

이를테면 '이 세상 만물은 어떻게 있는 것인가?'를 인간이 자신의 이성으로 생각해 볼 때, 결과가 있으면 원인이 있어야 하고(또 그런 식의 무한 소급은 이치에 맞지 않을 것이기 때문에 그 처음의 원인은 분명히 있을 수밖에 없으니), 그런 원인이 되는 하느님이 있다, 즉 하느님이 존재하신다는 정도는 알 수 있는 것입니다. 하지만 인간이 하느님을 자세히 알기 위해서는 하느님으로부터의 계시를 필요로 한다는 것이 우리 교회의 입장입니다. 하느님께서 당신 자신을 우리 인간에게 스스로 드러내시는 것이 계시인데, 이 계시의 빛을 통해서 우리 인간은 하느님을 더 잘 알 수 있게 됩니다.

이렇게 인간이 하느님의 존재를 논리적으로 이해할 수 있는 것은 인간이 하느님의 모상으로 창조되었기 때문입니다. 창세기에 의하면 하느님께서는 우리 모습을 닮은 사람을 만들자고 하셨는데, 인간이 하느님의 모상으로 창조되었다는 것은 인간이 하느님처럼 생각할 수 있는 능력을 가지고 있고, 자유 의지를 가지고 선과 악을 결정할 수 있는 존재이며, 하느님과 소통하고 대화할 수 있는 파트너라는 것입니다.

하느님의 이름

하느님도 이름을 가지고 계실까요? 하느님의 이름을 누가 부를 수 있을까요? 도대체 하느님께 이름이 필요하기나 한 걸까요? 우리나라 천주교 신자들을 비롯한 일반 국민들은 '하느님'으로, 개신교 신자들은 '하나님'으로 부르는 하느님의 이름은 탈출기에 의하면 '야훼' 혹은 '여호와'인데, 그 뜻은 일반적으로 '있는 나'로 이해됩니다.

모세가 하느님께 아뢰었다. "제가 이스라엘 자손들에게 가서, '너희 조상들의 하느님께서 나를 너희에게 보내셨다.' 하고 말하면, 그들이 저에게 '그분 이름이 무엇이오?' 하고 물을 터인데, 제가 그들에게 무엇이라고 대답해야 하겠습니까?" 하느님께서 모세에게 "나는 있는 나다." 하고 대답하시고, 이어서 말씀하셨다. "너는 이스라엘 자손들에게 '있는 나께서 나를 너희에게 보내셨다.' 하여라." 하느님께서 다시 모세에게 말씀하셨다. "너는 이스라엘 자손들에게, '너희 조상들의 하느님, 곧 아브라함의 하느님, 이사악의 하느님, 야곱의 하느님이신 야훼께서 나를 너희에게 보내셨다.' 하여라. 이것이 영원히 불릴 나의 이름이며, 이것이 대대로 기릴 나의 칭호

이다."(탈출 3,14-15)

성경 말씀대로 '있는 나다' '나는 있다' '나는 있는 자다' 등의 뜻으로 풀이될 수 있는 야훼라는 이름은 스스로 계시는 분, 모든 것들을 있게 하시는 분, 어제도 오늘도 변함없으신 분, 그러면서도 모든 것을 변화시키시는 분, 모든 것을 지니신 분, 모든 것에게 모든 것을 주시는 분이 하느님이심을 뜻합니다. 이렇게 야훼라는 하느님의 이름은 하느님만이 있는 분, 하느님만이 완전한 존재라는 것을 잘 나타내고 있습니다. 이는 또한 하느님께서는 다른 모든 존재의 원천, 존재 자체이신 분, 완전하신 분이신 반면에, 다른 모든 피조물은 존재 자체이신 하느님께 자신의 존재와 소유를 받고 있다는 말이기도 합니다. 야훼라는 이름의 풍부한 이해를 위하여 故 차동엽1958-2019 신부님의 말씀을 들려드리고 싶습니다.

히브리어로 된 야훼에 대한 설명 "나는 그대로 있는 존재다."(탈출 3,14)를 원문에 충실하게 영어로 옮기면 다음과 같다. "I will be who(what) I will be."

이는 곧 '나는 내가 되고자 하는 대로 되는 존재'라는 뜻이다. 이를 흔히 우리말로 "나는 나다" "나는 있는 자 그로다"라고 번역하는데, 이는 온전한 번역이 아니다. 야훼는 '있다'는 의미를 넘어 '힘찬' 존재, 곧 '살아서 자신의 의지대로 활동하는' 존재를 뜻한다. 이러한 의미를 담아 전해 주는 표현이 자유자재自由自在라는 한자어다. 따라서 '야훼'라는 하느님 호칭이 가지는 의미를 문자적으로 번역하면 다음과 같다.
"나는 자유자재, 곧 스스로 말미암아 있고 싶은 대로 있고 행하고 싶은 대로 행하는 자니라."(《사도신경》 56-57쪽)

주님이신 하느님

우리가 믿는 하느님을 부를 때, '야훼'보다 '주님'이라고 더 많이 부르게 되는 까닭은 무엇일까요? 하느님 이름에 대해 『가톨릭교회교리서』는 다음과 같이 설명하고 있습니다.

하느님께서 신비이시듯이, 하느님의 이 이름도 신비롭다. 그것은 이름을 알려 주는 것이고, 동시에 이름 밝히기를 거부하는 것이기도 하며, 우리가 깨닫고 말할 수 있는 것을 무한히 초월해 계시는 그대로의 하느님께서 이 이름을 통해서 가장

잘 표현되신다.(206항)

이렇게 신비로운 하느님의 면모를 잘 드러내는 이름이 '야훼' 이므로, 이러한 하느님의 이름을 함부로 부르면 안 된다는 것이 이스라엘 백성의 생각이었습니다. 그래서 그들은 '야훼' 라는 이름 대신에 주인님을 뜻하는 '아도나이' Adonai 나의 주님 곧 '주님' 이라는 이름으로 하느님을 불렀습니다. 이러한 경향이 오늘날의 교회에까지 이어져 우리도 하느님을 '야훼' 보다 '주님' 으로 더 많이 부르게 된 것입니다.

하느님께서는 당신의 이름을 알려 주심으로써, 과거에도 그랬고 ('나는 네 아버지의 하느님이다.' 탈출 3,6), 미래에도 그러할 ('내가 너와 함께 있겠다.' 탈출 3,12), 변함없고 영원한 당신의 성실함도 동시에 알려 주신다. 당신의 이름을 '나다.' 라고 알려 주시는 하느님께서는 당신 백성의 구원을 위하여 그들 곁에 늘 계시는 하느님이심을 알려 주신다.(『가톨릭 교회교리서』 207항)

비록 새로 번역된 성경이 - 하느님의 이름을 함부로 부르지 않기 위해서 - '야훼' 대신 '주님'이라는 표현을 많이 쓰고 있다고 하더라도, 야훼 하느님께서는 무엇보다 우리와 함께 계시는 분이심을 잊지 말아야 하겠습니다.

/2
하느님을 찾아야 행복한 인간

하느님에 대한 질문에 따르는 나에 대한 질문

"하느님은 정말 계신가?" "하느님은 정말 나를 만든 창조주이시고, 나의 주인이신가?" 이러한 질문은 자연스럽게 "나는 정녕 누구란 말인가?"라는 질문으로 이어지게 마련입니다. 나는 누구입니까?

나치에 항거하던 독일 행동주의 신학자개신교인 디트리히 본회퍼Dietrich Bonhoeffer 1906-1945는 베를린 감옥에서 숨을 거두기 전에 〈나는 누구인가〉라는 시를 썼습니다.

나는 누구인가?
이것인가, 저것인가?
오늘은 이런 인간이고 내일은 다른 인간일까?
아니면 동시에 둘 다인가?
타인 앞에서는 위선자이고
자기 자신 앞에서는 경멸할 수밖에 없는

가련한 약자인가?

나는 도대체 누구인가?

이 고독한 물음들이 나를 비웃는다.

하지만 내가 누구이든, 신은 안다.

나는 그의 것임을!

이 시에서 본회퍼는 "나 자신이 누구인가?"라는 질문에 대한 답을 줄 수 있는 분은 오직 하나님뿐이심을 고백하고 있습니다. 하나님을 알면 알수록 나 자신을 더 잘 알게 되고, 나를 알면 알수록 하나님에 대해 더 잘 알게 되는 것 아닐까요?

'하나님을 향한 인간의 갈망'과 '하나님의 이끄심'

인간이라면 누구에게나 그 마음속 깊이 하나님을 찾는 열망이 숨겨져 있습니다. 인간 안에 그처럼 하나님을 향한 갈망이 새겨져 있는 이유는 하나님께서 우리 인간을 원래 그렇게 만드셨기 때문입니다. 자신이 처한 상황을 늘 극복하려고 하는 우리 인간은 이 세상을 넘어 저 세상을 바라는 초월적인 존재입니다. 하나님을 통해서 창조된 인간이기에, 또한 그 하나님을 향해서 창조된 존재인 것이며, 그러므로 하느님께 영광을 드리기 위해서 창조된 존재라는 것입니다.

하느님께서 우리 인간을 창조하시고, 또 창조하신 대로 버려두지 않고 계속해서 이끄신다는 것은 우리 신앙의 내용이기도 합니다. 인간을 끊임없이 돌보는 분이신 하느님께서는 우리 인간이 가지고 있는 갈망들까지도 손수 이끌어 주는 분이십니다. 이렇게 좋으신 창조주 하느님께서는 우리 인간 안에 있는 '끊임없이 추구하는 진리에 대한 갈망' '행복에 대한 갈망' 이러한 것들을 친히 이끌어 주는 분이십니다. 그래서 우리 인간은 그러한 갈망들을 하느님 안에서만 채울 수 있는 존재인 것입니다.

하느님의 뜻대로 살아가는 복된 삶

인간에게 가장 복된 삶은 하느님의 뜻대로, 또 하느님께서 바라시는 그대로의 삶을 살아가는 것이고, 그러한 삶은 그 자체로 하느님께 영광이 되는 삶이라 할 수 있습니다. 여기서 하느님께 영광을 드린다는 것은 하느님의 영광이 모자라서 우리가 그 영광에 무엇을 더 보태기 위해서가 아니라 우리의 그러한 삶이 참으로 완전하신 하느님께 영광이 될 수밖에 없다는 뜻입니다.

피조물에 불과한 우리 인간이지만 하느님께서는 아무 것도 아니었던 우리에게 생명을 선물로 주시고 당신의 은혜로 돌보시니, 그분의 뜻대로 살아가는 삶이야말로 행복한 삶이고 하느님께 영광이 되는 삶인 것입니다!

우리는 하느님께서 당신 자신을 알려 주시는 만큼만 하느님을 알 수 있을 뿐입니다. 하지만 우리가 찾으려고 애쓰는 만큼 그분을 더 알게 됨도 사실입니다. 하느님께서 우리 안에 심어 주신 당신께 대한 갈망에 주목합시다. 늘 기쁘게 하느님을 찾아나가고, 그 하느님의 뜻대로 살아서 행복한 님들 되시기를 소망합니다!

/3

신앙은 어떻게 생겨나고 자라나는가?

하느님에 대한 물음은 신앙의 물음

'하느님' 에 대한 물음은 곧 "하느님은 존재하시는가?"라는 물음으로 이어지게 마련입니다. 이 물음에 대하여 신학神學을 공부하는 사람들이나 그리스도인들은 "하느님은 계신다."라고 대답할 것이고, 어떤 사람들은 "하느님은 없다."라고 대답할 것입니다. 즉 무신론자無神論者들과 유물론자唯物論者들에게 하느님은 '인간이 지어낸 개념' 에 불과할 것이고, 그런 그들에게 하느님이 계신다고 하는 종교는 '인간에게 방해가 되는 것' 에 불과하겠지요. 그들에게 중요한 것은 영혼이나 정신적인 것이 아니라 눈에 보이는 물질적인 것이기 때문입니다. 그런가하면 범신론자汎神論者와 만유재신론자萬有在神論者들은 하느님이 따로 있지 않고 '자연이 곧 하느님' 이며, '우주 전체 혹은 우주의 일부가 하느님' 이라고 대답할 것입니다.

그런데 우리 그리스도인들처럼 하느님의 존재를 긍정하면서도 아직 남아 있는 물음이 있습니다. 그것은 하느님은

"어떤 존재인가?" "어떤 분이신가?" 하는 물음입니다. "나에게 하느님은 어떤 분이신가?"가 하느님을 신앙하는 나에게 가장 결정적인 물음이 되는 것입니다. 덧붙여 "하느님은 나의 모든 것인가?" "나는 하느님을 믿고 따를 수 있는가?"라는 것도 역시 중요한 물음일 것입니다. 그리고 이는 결국 내가 믿고 따르는 하느님께 대한 나의 신앙의 문제이기도 합니다. '하느님이라는 개념에 대한 물음'은 결국 '신앙에 대한 물음'으로 귀결됩니다.

신앙의 정체

한마디로 신앙은 '절대자를 믿고 따르면서 교의를 받들어 지키는 일'입니다. 신앙은 단순히 무엇인가를 믿는 것만이 아니라 '하느님께서 자신을 알려 주시는 계시'를 받아들이는 것을 말합니다. 아울러 신앙은 그렇게 받아들인 계시에 대하여 '인간으로서 드리는 인격적인 응답'까지를 포함하는 개념이기도 합니다.

신앙의 내용은 인간이 하느님과 인격적인 관계를 맺고, 하느님과 일치를 맺기 위하여 갖추어야 하는 기본적인 자세를 말합니다. 이러한 의미에서 하느님께 향하는 우리 인간의 기본적인 자세, 하느님과 인격적인 관계를 맺기 위한 기본적인 자세, 이러한 것들이 모두 신앙에 해당됩니다. 신앙이야말로 우리 그리스도인을 결정짓는 중요한 열쇠입니다.

신앙의 유래와 원천

하느님께 대한 우리의 신앙은 근본적으로 하느님께로부터 온다는 것이 교회의 가르침입니다. 하느님께서 먼저 우리에게 자신을 알려 주시기 때문에 우리가 하느님을 믿을 수 있습니다. 바로 성령의 은총으로 가능한 일이지요. 유한한 인간이 무한하신 하느님을 알 수 있는 것은 하느님께서 먼저 손길을 뻗치시고, 당신 자신을 우리에게 알려 주시기 때문입니다. 이러한 의미에서 결국 우리가 가진 신앙은 그 자체로 하느님의 은총이라고 하겠습니다.

하느님의 계시와 그분께 대한 신앙

우리의 신앙은 먼저 하느님 편에서의 계시가 있기에 존재하는 것입니다. 우리 천주교는 계시의 종교인데, 특히 불교와 큰 차이가 이 계시에 있습니다. 하느님의 본질은 인간 자신의 추상적이고 사변적인 노력으로 알려지는 것이 아니라 하느님 스스로 인간과 인간의 사고에 자신을 열어 놓아야 가능합니다. 이렇게 하느님께서 당신 자신을 우리에게 알려 주시는 것을 '계시' 啓示 revelatio라고 말합니다. 계시는 '가린 것, 덮개를 벗기다' '커턴을 열어젖히다' 라는 뜻을 지닌 라틴어 동사revelare에서 나온 것으로, 우리 사람의 힘으로는 알 수가 없는 것을 하느님께서 보여 주시고 가르쳐 주셔서 알게 하신다는 뜻을 담고 있습니다. 한마디로 하느님께서 자신을 알려 주시는 것이 계시인데, 그 계시의 절정이 바로 우리가 믿고 따르는 예수 그리스도이십니다.

그런가하면 '신앙' 信仰 fides은 하느님 계시에 대한 인간의 응답을 말합니다. '신앙과 계시'를 우리 인간이 하느님과 함께 걸어가는 길에 비한다면, '신앙은 인간이 하느님께 나아가는 길' 이고, '계시는 하느님께서 인간에게 오시는 길' 이라고 할 수 있습니다.

우리는 "나는 길이요 진리요 생명이다."(요한 14,6)라고 말씀하신 예수 그리스도를 통해서 하느님을 만나고, 그분을 믿음으로써 하느님께 나아갑니다. 하느님께서는 예수 그리스도를 우리에게 보내 주시고, 그분을 우리에게 계시하심으로써 우리에게 다가오십니다. 우리는 결국 이렇게 신앙을 통해서 당신 자신을 알려 주시는 하느님을 만나는 것입니다.

하느님의 계시에 대한 인격적인 응답

신앙은 하느님의 자기 계시에 대한 인간의 인격적인 응답을 가리킵니다. 그렇다면 믿음은 우리 인간이 하느님과 인격적인 관계를 맺고, 나아가 그분과 일치하기 위하여 갖추어야 하는 기본 자세를 가리킨다고 할 것입니다. 하느님과 맺는 우리 인간의 인격적인 관계, 하느님께로 향하는 우리 인간의 근본적인 태도 등을 담고 있는 것이 믿음이기 때문이지요.

신앙은 인간의 눈으로는 볼 수 없는 하느님을 믿고 있음을 말합니다. 하느님을 잘 믿기 위해서는 먼저 그분에 대하여 잘 알아야 합니다. 그런가하면 하느님을 잘 알기 위해서는 그분을 잘 믿어야 합니다. 이렇게 하느님을 잘 알고 잘 믿기 위해서 필요한 것이 하느님께 대한 교리 공부입니다. 그러나 하느님께 대한 교리를 잘 알아야 한다는 이유로, 신앙의 문제를 순전히 이론의 문제인 것으로 생각할 수는 없는 일입니다. 우리 신앙은 단순히 이론만이 아닌 시간 안에서 이루어진 역사적인 사건에 기반하고 있고, 살아 있는 하느님과의 만남에서 생겨난 것이기 때문이지요.

신앙의 과제

신앙은 우리에게 주어진 그 상태 그대로에서 머무르지 않고 계속 키워나가야 합니다. 곧 신앙은 우리에게 은총으로 주어지지만 또한 하나의 과제로 주어집니다. 그러므로 신앙을 받아들인 우리는 그 신앙을 잘 살아야 하고, 또 그 신앙을 더 키워 나가야 합니다. 신앙은 일회성으로 머무는 것이 아니라 끊임없이 응답해 나가는 것이기 때문입니다.

우리 인간에게 있어서 구원은 하느님의 은총에 대한 끊임없는 응답으로 이루어지고, 멸망은 하느님의 은총에 대한 끊임없는 거절로 이루어진다고 할 수 있습니다. 신앙은 선물이지만 숙제이고 과제임을 잊지 맙시다!

독일의 교리책에서 '신앙의 퇴보'와 '신앙의 성숙'에 관한 예시 글을 본 적이 있습니다.

이럴 때 우리의 신앙은 퇴보합니다.

– 기도를 소홀히 한다면

- 유아기적인 신앙에 머물러 있으면서 지속적인 노력을 기울이지 않는다면
- 무신론적인 이 세상에서 그리스도인으로서 별다른 각성 없이 살아간다면
- 미사 참례를 소홀히 하고, 공동체적인 신앙 생활을 소홀히 한다면
- 오늘날 비非그리스도교적인 시대사조 속에서 비판적으로 살아가지 않는다면
- 종교 생활에 마음을 쓰지 않고 대충대충 살아간다면
- 세상의 부유함을 쫓아서 재물 때문에 죄를 쉽게 짓는다면
- 복음의 가치를 우선적으로 따르지 않고 이 세상의 가치를 따르고, 그것과 적당히 타협하며 산다면

이럴 때 우리의 신앙은 성숙해집니다.

- 하느님을 열망하며 살아가면
- 하느님께 기도드리고, 하느님의 뜻을 따르는 삶을 살아가면
- 예수님의 모범을 보면서, 그 모범에 따라 나 자신에게 주어진 여러 가지 삶의 상황들을 받아들이고 극복해 나간다면

- 죄를 지었을 때 진심으로 뉘우친다면
- 남을 용서하고, 또 하느님으로부터 오는 자비와 용서를 체험할 때
- 나 자신에게 닥치는 여러 가지 위기를 극복해 나갈 때
- 교회 안에서 베풀어지는 강론, 신앙인들의 증거와 삶, 공동체적인 전례와 같은 여러 가지 복음 선포에 즐겨 참여할 때
- 교회 공동체 안에서 신자들과 함께 신앙 생활을 하고자 힘쓰고, 또 그러한 일을 내가 중요하게 생각하며 함께 할 때
- 내가 살아가고 있는 이 사회의 구체적인 삶의 자리에서 그리스도의 가르침에 따라 기쁘게 살아가고, 또 그러한 삶을 다른 그 무엇보다 중요하게 여길 때

성모 마리아는 누구보다도 당신 아드님이신 예수님 곁에 가까이 머무르셨고, 그분의 말씀을 새겨 가슴 깊이 간직한 분이십니다. 우리 신앙의 모범이시며 교회의 어머니이신 성모 마리아로부터 예수 그리스도를 배우고, 또 그 순명의 정신을 본받아 살기를 힘써야 하겠습니다. 그렇게 하시는 님들의 신앙이 성모님의 사랑 안에서 깊이 자라나기를 희망합니다!

/4

나의 주인이신 주님께 대한 신앙

우리의 삶을 결정짓는 것

"저는 하느님을 믿나이다!" 이는 우리 그리스도인의 삶을 결정짓는 말입니다. 하느님께 대한 신앙의 응답을 어떻게 드리느냐에 따라 우리의 삶도 달라집니다.

민수기에 나오는 '구리 뱀의 상징' 에 대해서 생각해 봅시다. 민수기 21장 9절에 "그리하여 모세는 구리 뱀을 만들어 그것을 기둥 위에 달아 놓았다. 뱀이 사람을 물었을 때, 그 사람이 구리 뱀을 쳐다보면 살아났다."고 나옵니다. 하느님께서는 뱀에게 물린 사람에게 왜 하필이면 뱀을 쳐다보아야 살아날 것이라고 하신 걸까요? 왜 꼭 뱀이어야 했느냐는 것입니다. 뱀은 영생을 상징하기도 하지만 비둘기나 사슴, 혹은 노루가 아닌 끔찍한 뱀을 다시 쳐다봐야 했다는 것은 결국 하느님께서 당신의 말씀을 믿는 사람에게 치유의 은혜를 베푸시기 위함이 아닐까요? 즉 하느님께서는 무엇을 보면 나을지도 모른다는 인간적인 판단 없이, 오직 당신 약속의 말씀 하나에만 의지하여, 곧 당신께 대한 신앙 하나로만 - 다시는 쳐다보기도 싫은 - 뱀을 용기 내어 쳐다보는 사람만이 치유되기를 원하신 건 아닐까요?

이렇게 구리 뱀의 상징 이야기에서처럼 신앙은 우리 인간을 살리는 힘입니다. 하느님께 대한 나의 신앙은 곧 나를 살리는 힘이 되는 것입니다.

나의 주인이신 하느님

하느님은 창조주이시고, 나는 하느님의 피조물입니다. 그러므로 나는 하느님의 것입니다. 하느님은 나의 주인이시고, 나는 하느님의 종입니다.

예수님께서는 "아무도 두 주인을 섬길 수 없다. 한쪽은 미워하고 다른 쪽은 사랑하며, 한쪽은 떠받들고 다른 쪽은 업신여기게 된다. 너희는 하느님과 재물을 함께 섬길 수 없다."(마태 6,24)고 하셨습니다. 예수님께서는 여러 번 종과 주인의 관계를 가지고 설교하셨습니다. 이를테면 주인과 종의 비유, 탈렌트의 비유, 포도원 소작인의 비유 등에서 그러하셨습니다. 나아가 예수님께서는 "이와 같이 너희도 분부를 받은 대로 다 하고 나서, '저희는 쓸모없는 종입니다. 해야 할 일을 하였을 뿐입니다.' 하고 말하여라.'"(루카 17,10) 하시면서 우리를 하느님의 종이라고 분명히 말씀하셨습니다.

성녀 요세피나 바키타의 삶

오늘날 우리는 너무나 자유롭게 살고 있고, 또 나 자신을 속박하는 그 누구도 없이 살고 있습니다. 그렇게 사는 우리이기에 정작 하느님을 주인으로 섬긴다는 것이 얼마나 감사하고 기쁜 일인지 잘 모르고 있는 건 아닌가 하는 생각을 하게 됩니다. 이러한 면에서 '아프리카의 꽃' 요세피나 바키타Josephina Bakhita 1869~1947 축일 2월 8일 성녀의 삶을 생각해 보았으면 합니다.

바키타는 9살 때 아랍 노예 상인에게 납치되어 수단의 노예 시장에서 다섯 번이나 팔려 다녔습니다. 바키타라는 이름은 납치 당시 공포에 질려 이름을 대지 못하자 노예상들이 '운명아'라는 뜻으로 지어준 것입니다. 바키타는 한 장군의 어머니와 부인의 몸종으로 일하는 동안 매일 피가 나도록 매를 맞아 그 몸에 144개나 되는 흉터를 지니고 살았습니다. 그러다가 한 이탈리아 공사公使의 소유가 되어서는 그 가족들로부터 따뜻한 대접을 받았습니다. 후에 그 공사의 친구의 손에 넘겨진 바키타는 이탈리아에서 지내다가, 그가 근무지를 옮기게 되자, 큰딸의 유모로 베니스에 있는 카노싸Canossa 수녀원에 맡겨지게 되었습니다.

바로 그 수녀원에서 바키타는 그동안 섬겨오던 주인들보다 더 높은 주인, 즉 하느님이 계시다는 것을 알았습니다. 그는 세례를 받으면서 이렇게 고백했습니다. "나는 태양, 달, 별들을 보면서, 이렇게 아름다운 것들의 주인은 누구일까, 홀로 물어보곤 했습니다. 그러면서 나는 그분을 보고파 했고, 알고파 했으며, 그분께 나의 모든 찬사를 드리고 싶은 갈망을 느꼈습니다!" 매일매일 하느님을 새롭게 알아가던 바키타는 마침내 1896년 수녀가 되었습니다.

학식이 없던 바키타 수녀는 주로 부엌과 빨래방, 수녀원 문지기 같은 일들을 했습니다. 그러나 그런 일을 하면서도 그녀는 언제나 겸손과 단순함, 한결같은 미소를 잃지 않았습니다. 그녀는 오히려 절망에 빠진 사람들에게 "당신은 하느님으로부터 분명한 사랑을 받고 있습니다. 무슨 일이 일어나든지 그 사랑이 당신을 기다려 줄 것이고, 그래서 당신은 행복합니다!"라는 말로 용기를 불어넣어 주었습니다. 생의 마지막 때에 병고에 시달리면서도 '주인님이 원하시는 대로'라는 자세를 잃지 않았습니다. 그리고 1947년 선종하였고, 2000년 성인품에 올랐습니다.

바키타는 절망적인 상황 속에서도 좌절하지 않고 예수 그리스도라는 '새 주인'을 만나 구원받고 성인이 되었습니다. 성녀 바키타는 자신이 바뀐 주인으로 믿고 따르는 하느님이 참으로 자신의 주인이심을, 그 주인을 섬기며 사는 삶이 자신의 운명임을, 그리고 그러한 삶이야말로 참으로 행복한 것임을 보여 주었습니다.

주 하느님을 말 그대로 주님으로 섬기고 따르신 분이 바로 성모 마리아이십니다. 마리아는 "보십시오, 저는 주님의 종입니다. 말씀하신 대로 저에게 이루어지기를 바랍니다."라고 천사의 말씀에 응답하셨습니다. 이러한 성모 마리아에게서 우리는 하느님을 참으로 주인으로 섬기고 따르신 겸손하고 성실한 종의 모범을 보게 됩니다. 마리아는 일생을 주님의 종으로, 주님의 말씀을 따르며, 주님께 순종하며 살았습니다. 우리도 어머니 마리아의 모범을 본받아 주님을 나의 주인으로 섬기고 따르며 살아야겠습니다.

'주님'이라는 단어는 원래 '주인'을 뜻하는 말입니다. 하느님을 주님으로 섬기는 사람이 우리 그리스도인이라면, 우리는 하느님을 주인으로 알고 받드는, 곧 하느님을 모든 것 위에 공경하는 사람입니다. 주인이신 하느님의 종답게 하느님의 뜻을 찾고 헤아리며, 그분의 말씀대로 살아가는 착한 그리스도인으로 살아갑시다!

/5

신앙의 순종

하느님의 말씀을 귀 기울여 들음

하느님을 믿는다는 것은 인간이 하느님의 계시를 받아들인다는 말이고, 이는 인간이 하느님의 뜻에 순종順從한다는 말입니다. 이러한 의미에서 우리 신앙의 깊이는 하느님의 뜻에 얼마나 잘 순종하느냐에 달려 있다고 할 수 있습니다. 따라서 하느님을 믿는다고 하면서 하느님의 뜻을 잘 따르고자 하는 마음이 없다면, 그 믿음은 결코 바른 것일 수 없습니다. 특히 하느님께 대한 우리의 기도에서 중요한 자세는 하느님의 뜻에 대한 순종이라고 하겠습니다.

'순종한다'는 말의 어원을 보면 '누구의 말을 듣는 것' '누구에게 귀를 기울이는 것'과 밀접한 관계가 있습니다. 우선 우리는 하느님의 말씀을 잘 들으려는 이성적인 노력을 기울여야 하고, 그 다음으로 그 말씀을 꼭 지키도록 의지적으로 힘써야 합니다. 곧 마음을 다해야 합니다. 마음으로 믿으면 이성으로 이해하는 일이 가능해지고, 이성으로 이해하면 마음으로 믿는 일이 가능해집니다.

신앙의 순종을 증언하는 성경의 인물들

성경에서 신앙의 순종을 증언하는 대표적인 인물이 믿음의 조상 아브라함과 성모 마리아입니다.

아브라함은 장차 상속 재산으로 받을 곳을 향하여 떠나라는 부르심을 받고 그대로 순종하였습니다. 어디로 가는지도 모르는 채 위험을 무릅쓰고 떠나간 것입니다.

동정 마리아는 가장 완전하게 믿음의 순종을 실천한 분입니다. 마리아는 불가능한 처녀 잉태를 믿음으로 받아들였고, 그 잉태로 돌에 맞아 죽을지도 모르는 위험을 감수하였습니다. "보십시오. 저는 주님의 종입니다. 말씀하신 대로 저에게 이루어지기를 바랍니다." 하신 마리아는 아무 조건 없이 하느님께 완전한 순종을 드렸습니다. 그러한 마리아의 믿음은 일생 동안에, 또 극도의 시련을 겪으면서도, 곧 당신 아들 예수님께서 십자가에서 돌아가시는 상황에서도 흔들리지 않았습니다. 그리고 이러한 믿음의 결과는 바로 행복이었습니다. 성녀 엘리사벳은 "행복하십니다, 주님께서 하신 말씀이 이루어지리라고 믿으신 분!"(루카 1,45)이라 하였고, 마리아는 "모든 세대가 저를 복되다 할 것"이라고 하였습니다.

하느님을 믿는 것과 사람을 믿는 것의 차이

하느님을 믿는다는 것은 사람을 믿는 것과 전적으로 다릅니다. 하느님을 믿는다는 것은 나 자신을 전적으로 하느님께 맡겨드리며, 그분의 말씀을 절대적으로 믿고 따른다는 것이고, 이로써 하느님께서 나의 모든 것, 나의 전부가 되신다는 것입니다. 나 자신이 하느님께 인격적으로 귀의하고, 하느님께서 계시하신 진리 전체에 대하여 자유로이 동의하는 것이 신앙이기 때문입니다. 하지만 사람을 믿는다는 것은 그 사람의 됨됨이를 믿는다는 정도일 뿐, 나를 전적으로 맡기고 귀의할 정도로 믿는다고는 할 수 없지요. 믿는 도끼에 발등 찍힌다고, 믿고 의지하던 사람에게 배신의 아픔을 겪고 절망하고 분노하는 사람이 얼마나 많습니까!

신앙은 하느님의 선물

보이지 않는 하느님을 믿는 것은 인간 자신의 능력만으로는 불가능한 것입니다. 그것은 하느님의 은혜에 의해, 하느님이 도와주셔야 가능한 것입니다. 신앙 자체가 하느님께서 그저 주시는 선물인 것이지요. 믿음이 있으려면 하느님의 도움의 은총이 선행되어야 한다는 것, 곧 성령의 내적인 도움이 있어야 한다는 것이 교회의 전통적인 가르침입니다. 베드로 사도가 예수님께 "당신은 살아 계신 하느님의 아들 그리스도이십니다."라고 고백할 때에 예수님께서는 그에게 "그것을 알려 주신 분은 살과 피가 아니라 하늘에 계신 내 아버지이시다." 하셨지 않습니까!

이렇게 신앙은 하느님의 선물이며, 하느님께서 불어넣어 주시는 초자연적인 덕입니다. 신앙은 은총이기에 우리는 더없이 고귀한 선물인 신앙을 잘 지키고 키워나가야 합니다. 예비 신자들은 교리 공부를 하면서 하느님을 알아가는 것에서 하느님의 은총을 실감할 수 있지요.

믿음을 위한 사람의 협력

믿는다는 것은 참으로 인간 자신의 행위입니다. 신앙이 하느님의 은총에 의한 것이라고 할지라도 인간이 하느님을 그저 수동적으로 또 맹목적으로 믿는 것은 아니지요. 하느님께서 베푸시는 은총이 있어야 믿을 수 있고, 그 은총에 인간이 협력해야 합니다.

결국 우리의 믿음에는 우리 자신의 '자유로운 지성적인 동의'가 따라야 합니다. 신앙은 은총이면서도 우리의 지성과 의지로, 우리 존재 전체로 이 은총을 주시는 분께 응답한다는 점에서 참으로 인격적인 행위라 할 수 있습니다. 이러한 관점에서 『가톨릭교회교리서』는 "하느님을 신뢰하고 그분께서 계시하신 진리를 따르는 것이 인간의 자유나 지성에 반하는 것은 아님"(154항)을 밝히고 있습니다. 예를 들어, 남자와 여자가 결혼할 때에 서로를 믿고, 서로의 약속을 믿는 것이 그들의 인간적인 품위를 손상시킨다고 할 수는 없지 않습니까? 마찬가지로 인간이 하느님을 믿고 하느님의 말씀을 믿는다고 해서 자신의 존엄성을 잃어버린다거나 자신의 품위에 손상을 입게 된다고 할 수 없는 일이지요. 성 토마스 데 아퀴노St. Thomas Aquinas 1224-1274의 말씀에 의하면, "신앙은 하느님의 은총으로 움직여진 의지의 명령에 따라, 하느님의 진리에 동의하는 지성적 행위"입니다

하느님의 은총에 인간의 협력이 따름으로써 생겨나는 것이 신앙이기에, 이러한 신앙의 성숙에는 우리 인간의 노력이 따라야 합니다. 님들은 하느님의 말씀으로 자신의 신앙을 키우고, 신앙의 시련 가운데서도 주님께 기도하는 자세를 잃지 않으셨으면 좋겠습니다. 부디 여러 가지 어려움과 시련이 닥쳐오더라도 결코 흔들리지 않는 님들, 그 모든 것을 신앙의 힘

으로 극복해 내는 님들, 신앙을 굳게 지킴으로써 이 지상에서부터 천상의 기쁨을 미리 맛보면서 그러한 복된 신앙을 끝까지 꿋꿋하게 지켜 나가는 님들, 그리하여 참 주인이신 주님만을 기쁘게 섬기며 사는 님들 되시기를 소망합니다!

/6
신앙을 위한 성경의 역할

하느님 계시의 두 요소: 성경과 성전

하느님께서는 당신의 구원 계획을 인류 역사 속에서 점진적으로 펼쳐 오셨습니다. 그리고 우리를 구원의 길로 이끄시기 위해서 당신 자신을 우리에게 드러내 보이셨는데, 그러한 계시의 중요한 원천이 되는 것이 성경聖經과 성전聖傳입니다. 여기서 성전은 사도를 통해서 교회 안에서 우리에게 내려오는 전통傳統과 전승傳承을 말하며, 이는 (성경을 제외하고) 계시의 주된 내용이 됩니다. 이러한 전통에는 구두口頭로 내려오는 것도 있고, 전례典禮로 내려오는 것도 있으며, (성경 외의) 기록記錄을 통해서 내려오는 것도 있는데, 우리 가톨릭교회에서는 성경 못지않게 성전을 중요시하고, 성경을 해석할 때에도 교도권의 가르침에 준합니다. 그러면서도 교도권은 성경을 보면서 성경의 가르침 안에서 새로운 해석을 내리려는 노력을 계속하고 있지요. 결론적으로 우리 교회는 성경과 성전을 다함께 중요한 것으로 여기고 있습니다.

성경의 저자: 하느님과 인간

성경의 저자는 하느님이시면서 동시에 인간입니다. 하느님께서는 당신이 하실 말씀을 성령을 통해서 성경의 저자들에게 영감靈感을 주며 말씀하셨다는 것이 교회의 가르침이지요. 성경의 저자는 그 시대의 상황에 맞게 그 시대의 언어로, 또 그 시대의 여러 가지 관습의 영향 하에서 말씀을 기록하였지만 어디까지나 하느님의 인도에 따랐습니다. 그러므로 성경의 저자는 하느님인 동시에 그것을 쓴 사람입니다. 그러니 우리는 어떻게 해야 할까요? 오늘날 성경을 읽으려면, 성전 안에서 올바로 이루어지는 해석과 함께해야 하겠지요. 곧 성경이 그 시대 어떤 상황에서 기록되었는지, 성경의 저자는 어떤 맥락에서 글을 썼는지 등을 알아야 합니다.

구약 성경과 신약 성경의 관계

신약 성경新約聖經에 예수 그리스도의 가르침이 있기 때문에 구약 성경舊約聖經은 더 이상 필요 없다고 할 수는 없습니다. 구약 성경에도 하느님의 말씀이 가득하기 때문이고, 또 구약 성경 자체가 예수 그리스도께서 오실 길을 준비하는 과정이기 때문입니다. 하느님께서 신앙 선조들을 통하여 말씀하시고 행하신 것, 여러 예언자들을 통하여 말씀하신 것, 그 모든 것이 구약 성경에 담겨 있습니다. 구약 성경에 담긴 모든 것이 예수 그리스도께서 오실 길을 준비하는 과정이기에 그분을 더 잘 알기 위해서는 구약 성경도 참고해야 합니다. 구약 성경에서 예수 그리스도께서 오실 길이 어떻게 준비되어 왔는지를 보면서 신약 성경에서 예수 그리스도의 말씀을 더 잘 알아들을 수 있습니다.

그러므로 구약 성경은 유대교에 필요하고 오늘날 우리 교회에는 필요 없다고 단순히 말할 수는 없습니다. 구약 성경은 신약 성경을 밝혀 주는 역할을 하기에 신약 성경 못지않게 중요하기 때문이지요. 또 신약 성경은 구약 성경의 이해를 돕는 역할을 합니다. 신약 성경에 예수 그리스도의 말씀과 행적들이 모두 담겨 있지만, 이 신약 성경을 잘 알려면 결국 구약 성경을 잘 알아야 하고, 구약 성경을 제대로 알기 위해서는 신약 성경을 잘 알아야 합니다.

성경 안에 드러나신 하느님

성경에 나타난 하느님은 세상 안에서 인간과 함께 현존하시는 분, 세상을 창조하신 분, 인간에게 생명을 주신 분, 인간을 사랑하시고 우리 인간의 구원을 바라시며 늘 인간을 위해 계신 분이십니다. 또한 성경에 나타난 하느님은 먼저 우리 인간에게 다가오신 분이십니다. 우리가 성경에서 알 수 있는 분명한 것은, 사랑의 하느님께서 먼저 우리 인간에게 다가오지 않으셨다면 인간은 결코 그분을 만날 수 없었다는 것이지요!

하느님께서 먼저 인간에게 다가오시고, 그리하여 당신 자신을 보여 주시고 알려 주신 까닭은 무엇입니까? 하느님께서 우리에게 오신 것은 우리를 사랑하기 때문이고, 우리를 구원하기 위해서였습니다. 하느님께서 우리에게 자신을 알려 주시고, 그래서 우리가 하느님을 알게 된 것은, 결국 하느님께서 우리를 사랑하시고 구원을 베풀기 위해서였습니다. 하느님께서는 우리를 사랑하고 구원하기 위해서 참으로 엄청난 일을 하신 것이지요!

성경의 하느님, 신학사의 하느님은 한마디로 '인간을 구원하시는 사랑의 하느님' 이십니다. 그러므로 하느님을 신앙하는 우리가 살아가는 동안 늘 해야 할 질문은 "나를 사랑하고 구원하시는 하느님은 어떤 분이신가?" "그 하느님께서 사랑하시는 나에게 바라는 바는 무엇인가?" 입니다. 사랑의 하느님께서는 우리가 당신의 뜻대로 사랑의 삶을 통해 구원의 길을 걷기를 바라십니다. 그러기에 하느님을 연구하고 탐구하며 질문하는 자세보다 우리에게 더 중요한 것은, 그분을 믿는 우리의 신앙을 사랑의 삶을 통해 실제로 살아가는 것이지요!

신앙 생활에 성경이 중요한 이유

성경 안에는 하느님께서 말씀하시는 구원의 진리가 있기 때문에 하느님의 말씀을 들으려면 성경을 알아야 합니다. 특히 예수 그리스도께서 어떻게 구약에서부터 기다려온 메시아이시며, 그분이 어떻게 신약의 역사 가운데 오셨고, 그분께서 무슨 말씀을 하셨으며, 어떤 행동을 하셨는가 이 모든 것이 성경 안에 있기 때문입니다. 예수 그리스도 외에 다른 계시는 필요 없다는 것이 교회의 입장입니다. 하느님께서 당신 아들을 통하여 하실 말씀을 다 하셨다는 것이지요. 예수 그리스도께 대한 신앙을 위해서 그분의 말씀과 행적을 수록한 성경은 필수 요소가 아닐 수 없습니다.

신앙을 위한 성경의 역할

성경은 우리를 참되이 살게 하는 '영혼의 양식'과 같습니다. 성경에는 우리 삶의 바탕이 되는 모든 진리가 충만히 담겨 있기 때문에 성경을 자주 읽고, 또 묵상함으로써 하느님의 뜻에 따라 살아갈 수 있는 힘을 얻게 되는 것이지요. 또한 성경은 우리에게 보내는 하느님의 '사랑의 편지'와 같습니다. 하느님께서 우리에게 수많은 편지를 쓰셨다면, 그것은 모두 성경에 있다고 할 수 있습니다. 성경은 하느님께서 우리에게 보내시는 사랑의 고백과 같은 것이지요. 그러므로 사랑하는 이의 목소리를 듣는 것처럼 두근거리는 마음으로 성경을 읽는다면 하느님과 더 가까워지고, 하느님을 더 사랑할 수 있는 길이 펼쳐지지 않을까요? 라틴어로 성경을 번역한 예로니모 성인St. Jerome 347-419께서는 "성경을 모르는 것은 그리스도를 모르는 것"이라고 했습니다. 그렇다면 성경을 잘 아는 것은 곧 그리스도를 잘 아는 것이겠지요.

성경을 잘 알면 알수록 그리스도께 대한 우리의 신앙도 당연히 더 깊어질 것입니다. 이러한 의미에서 성경을 소홀히 하지 않는 것은 우리의 신앙을 성숙시키기 위한 필수적인 요소라 하겠습니다.

성경을 가까이하는 신앙 생활

성경은 우리를 구원의 길로 안내하는 역할을 합니다. 성경을 가까이하면 그만큼 구원의 길에 더 가까이 나아가게 되겠지만, 성경을 멀리하면 그만큼 구원의 길에서 더 멀어지게 되지 않을까요? 성경을 읽고 묵상함으로써 우리에게 말씀하시는 하느님의 음성을 더 잘 알아듣게 될 것입니다. 성경을 가까이함으로써 나에게 건네주시는 하느님의 말씀에 귀 기울이게 되고, 그분의 뜻 안에서 더 합당한 기도를 올리게 될 것입니다. 성경을 가까이하는 신앙 생활이라면 하느님께서 당연히 축복하시지 않겠습니까?

부디 성경을 가까이하는 신앙 생활을 함으로써 구원의 길을 충실히 걸어가는 님들 되시기를 바랍니다!

/7

하느님께 대한 믿음과 인간의 이성

신앙을 위한 계시의 외적인 증거들

하느님께서는 당신 계시의 증거들, 예를 들면 그리스도와 성인들의 기적, 예언, 교회의 확산과 교회의 거룩함, 교회의 풍요함과 확고함, 이 모든 것들로 우리의 신앙을 키워 주십니다. 즉 하느님께서 베푸시는 기적, 말씀하시는 예언, 세상에 확장해 나가시는 교회, 교회를 성스럽게 하는 성사, 교회를 풍요롭게 하는 구원의 가르침, 교회를 확고하게 하는 진리의 말씀들, 그 모든 것들이 우리 신앙의 성숙을 위한 하느님의 배려에 속하는 것이지요. 그러면서도 하느님께서 우리가 당신을 맹목적으로 믿기를 바라신다고 할 수는 없는 일입니다. 우리가 어디까지나 자유로운 인격적인 동의로 당신을 신앙할 수 있기를 바라시는 하느님이신 까닭입니다. 우리를 사랑하시기에 그러하신 것이지요.

하느님께 대한 이러한 신앙은 인간의 인식보다 더 확실하다고 할 수 있습니다. 인간의 인식에는 한계가 있을 수밖에 없지만 신앙은 하느님의 은총으로 말미암은 것이고,

하느님의 말씀에 근거하고 있기 때문에 불완전한 인간의 인식보다 더 확실하다는 의미에서 그렇습니다. 하느님으로부터 오는 신앙의 힘은 우리 인간의 모든 의심을 배제할 수 있을 만큼 강력한 것이지요!

신앙과 과학

> 신앙이 이성보다 우위에 있기는 하지만, 신앙과 이성 사이에 진정한 불일치는 있을 수 없습니다. 신비를 계시하고 신앙을 주시는 바로 그 하느님께서 인간의 정신에 이성의 빛을 비춰 주시기 때문이며, 하느님께서 당신 자신을 부정하시거나 진리가 진리를 부정할 수 없기 때문입니다.(『가톨릭교회교리서』 159항)

과학의 발달로 하느님을 믿기가 더 힘들어진 세상이지만, 과학자들 중에는 결국 하느님을 창조주로 승복하는 사람이 많다고 합니다. 하느님께서 인간에게 이성의 빛과 신앙을 함께 주셨기에, 인간이 파악하는 신앙과 이성이 전적으로 서로 다른 것일 수가 없는 것이지요. 과학이라고 해도 그것이 진리를 탐구하는 것이라면 하느님의 진리에 부합할 수밖에 없습니다! 이러한 의미에서 교회의 가르침은 이러합니다. "모든 분야의 방법론적 탐구가 참으로 과학적 방법으로 도덕 규범에 따라 이루어진다면 결코 신앙과 참으로 대립할 수 없을 것이다. 세속 사물이나 신앙의 실재는 다 똑같은 하느님에게서 그 기원을 이끌어내기 때문이다!"(『가톨릭교회교리서』 159항). 그러므로 어떤 과학자라도 그가 겸허하고 항구한 마음으로 사물을 탐구한다면, 그도 넓게는 하느님의 손길 안에서 진리의 길로 인도되고 있는 사람입니다.

신앙과 교회

신앙은 우선적으로 하느님의 은총에 의해 생겨납니다. 자신을 먼저 계시하시는 하느님께 대한 인간의 자유로운 응답이 신앙인 것이지요. 그러나 이 신앙은 인간 혼자만의 응답이 아니라 '공동체적인 성격의 것' 이기도 합니다. 이는 순전히 하느님에 의해서만 주어지고 자라나는 것이 신앙일 수 없다는 말이기도 합니다. 내가 가진 신앙을 거슬러 올라가 보십시오. 결국 나에 앞서 그 신앙을 살았던 사람들에게서 전해져 온 것이 지금 내가 가진 신앙이 아닐까요? 그 누구도 자신의 힘으로 믿음을 가졌다 할 수는 없습니다. 먼저 신앙을 가지고 살았고 그것을 전해 준 사람이 있는가 하면, 신앙을 가르쳐 준 사람도 있고, 또 신앙을 보여 준 사람도 있습니다. 이러한 뜻에서 『가톨릭교회교리서』는 "각 신앙인은 마치 신앙인들이 이루는 커다란 사슬의 고리 하나하나와 같다. 나는 다른 사람의 신앙에 의지하지 않고서는 믿을 수 없으며, 또한 나의 신앙을 통하여 다른 사람들의 신앙을 지탱하는 데 이바지한다."(166항)고 합니다. 이 말씀대로 다른 누군가의 신앙을 위해 나 자신의 역할이 얼마나 중요한지요! 그렇다면 남들에게 신앙적으로 본보기가 되는 삶을 살아야 하지 않을까요? 특히 하느님을 믿지 않는 사람들에게 보이지 않는 하느님을 보여 줄 사람이 바로 나임을 잊지 말아야 합니다!

우리의 신앙은 결과적으로 그 신앙을 사는 사람들의 모임인 교회로부터 옵니다. 교회가 먼저 믿고, 그 다음 교회가 그 신앙을 나에게 전해 주고, 나의 신앙을 키워 주고, 나의 신앙이 흔들리지 않도록 지탱해 줍니다. 그러므로 교회는 우리 신앙의 어머니이고 스승입니다! 치프리아노 성인 St. Cyprianus 200?-258은 "교회를 어머니로 삼지 않는 사람은 누구도 하느님을 아버지로 삼을 수 없다."라고 하였습니다.

/8

하느님 신앙의 결과

내가 하느님을 믿고 있다면

'주님' 이신 하느님에 대한 신앙은 어떠한 결과로 이어질까요? 『가톨릭교회교리서』 222항은 "한 분이신 하느님을 믿고 모든 것을 다 바쳐 그분을 사랑하는 것은 우리의 삶 전체에 대단한 결과를 가져온다."고 하면서 우리가 하느님을 신앙하면 다음과 같이 된다고 가르치고 있습니다.

- 하느님을 신앙하면, 그분의 위대함과 위엄을 깨닫게 되고 그분을 모든 것 위에 섬기게 된다.
- 하느님을 신앙하면, 하느님께서 베풀지 않으신 것이 없기에 그분께 감사하며 살아가게 된다.
- 인간은 하느님의 모상으로 창조된 존재이다. 그러므로 인간이 하느님을 신앙하면, 하느님께서 창조하신 다른 모든 인간의 단일성과 참된 존엄성을 깨닫게 된다.
- 하느님께 대한 신앙은 하느님께 가까이 가게 하는 것이면

선용하고, 하느님께 등을 돌리게 하는 것이라면 멀리하도록 해 주는 것이다. 따라서 하느님을 신앙하면, 창조된 만물을 하느님의 뜻에 따라 선용하게 된다.

- 신앙은 역경 가운데서도 하느님을 신뢰하는 것이다. 따라서 하느님을 신앙하면, 어떠한 처지에서도 하느님을 신뢰하게 된다.

지금 나 자신이 어떻게 살고 있는지를 돌아보면 내 안에서 이루어진 신앙의 결과를 알 수 있습니다.

- 하느님을 신앙하는 나는, 과연 하느님의 위대하심을 잘 알고 그분을 모든 것 위에 섬기고 있는가?
- 하느님을 신앙하는 나는, 과연 하느님께서 베풀어 주신 모든 것에 대해 감사하며 살고 있는가?
- 나는 하느님을 신앙한다면서, 하느님께서 사랑하고 계시는 다른 사람들을 미워하며 살고 있지 않은가?
- 하느님을 신앙하는 나는, 과연 하느님께서 창조하신 다른 사람들을 얼마나 존중하며 살고 있는가?
- 나는 하느님을 신앙한다면서, 세상의 것들을 하느님의 뜻

대로 사용하지 않고 내 자신의 이기적인 욕심과 탐욕으로 독점하고 오용하고 있지나 않은가?

- 나는 하느님을 신앙한다면서, 세상의 것들에 집착하여 그 것 때문에 하느님을 등지고 있지나 않은가?
- 나는 하느님을 신앙한다면서, 내 자신의 처지 때문에 하느님을 원망하고 멀리하고 있지나 않은가?

이처럼 하느님을 믿는 사람은 그 삶이 송두리째 바뀌게 됩니다. 여전히 세상 사람들 속에 섞여 살아가지만 여느 사람들과는 다른 삶을 살아가게 되는 것이지요. 많은 분들의 사랑을 받는 가수로 지금은 목회자로 활동하는 윤항기 씨 1943년 생와 그 여동생 윤복희 씨1946년 생의 이야기를 들려드리고 싶습니다.

항기 씨 위로 형님이 한 분 더 계시니 2남 1녀를 둔 가정이었습니다. 1950년에 발발한 한국전쟁 직후, 예술가였던 아버지는 마약 중독으로 아픈 상태였고, 무용가였던 어머니는 돈을 벌기 위해 유랑극단에서 일하였습니다. 집안 형편이 어렵다 보니 8살과 5살 밖에 되지 않은 어린 남매까지 밥벌이에 나서야 했습니다. 미군부대에서 자신들이 그나마 잘 할 수 있는 노래를 한 것이지요.

그러던 복희 씨가 5살 때였습니다. 어머니는 무대에서 심장마비로 세상을 떠나셨고, 아버지마저 중독 요양을 하다가 세상을 떠났습니다. 남매는 고아가 되었습니다. 복희 씨는 6살에 벌써 뮤지컬 배우로, 향기 씨는 17살에 키보이스의 멤버로 데뷔하면서 큰 성공을 거두었습니다. 하지만 복희 씨는 결혼과 이혼을 두 번이나 반복했고, 향기 씨는 폐결핵을 앓는 등 그다지 행복하지 않은 삶을 살았습니다. 향기 씨의 마음에는 아버지에 대한 원한과 증오가 깊이 자리 잡고 있었고, 늘 아버지처럼 살지 않겠다고 다짐했지만 가수 생활을 하는 동안 점점 더 아버지를 닮아갔습니다. 겉으로는 화려한 삶을 살았지만 방탕한 생활로 인생을 망친 아버지의 모습 그대로였지요.

그러던 중 남매는 예수님을 알게 되었습니다. 국내외에서 큰 성공을 거두고 있던 복희 씨가 1976년 비 내리던 어느 날, 전주에서 대구로 공연을 가던 때였습니다. 복희 씨가 탄 자동차가 빗길에 미끄러져 굴렀습니다. 뒷 바퀴를 연결하는 쇠파이프가 끊어져 고속도로 밖으로 차가 전복된 것입니다. 이렇듯 큰 사고를 당했지만 신기하게도 아무도 다치지 않았습니다. 기적처럼 살아난 복희 씨는 차가 공중으로 날아가는 급박한 상황에서 하느님의 목소리를 들었다고 합니다. "겁내지 마라. 이건 사고가 아니다." 그리하여 하느님을 믿게 되었다는 복희 씨는 이렇게 말했습니다. "정말 신기하게 아무도 다치지 않았어요. 이후 세상을 보는 눈이 확 바뀌었어요. 사람들이 너무 아름답게 느껴졌어요."

1978년 건강을 돌볼 여유가 없었던 항기 씨는 젊은 시절 앓았던 폐결핵 때문에 다시 쓰러져 생존을 장담할 수 없는 지경에 이르렀습니다. 폐결핵 말기여서 약도 소용 없었고 수술도 불가능한 상태에서 그저 죽을 날만 기다리던 항기 씨는 아내와 동생 복희 씨의 권유로 교회에 다니게 되었습니다. 투병 생활 중에 예수님을 믿게 된 것이지요. 항기 씨는 병만 낫게 해 주시면 하느님이 원하는 사람이 되겠다는 서원 기도를 바쳤다고 합니다.

죽음의 문턱에서 하느님을 만나고 건강을 회복한 항기 씨는 1986년 미국으로 떠나 신학도가 되었습니다. 그리하여 1990년 국내 최초로 음악목사가 되고, 또 음악신학교를 세웠습니다. 오래도록 아버지를 용서하지 못하고 미워했던 항기 씨는 목사 안수를 받을 때에야 비로소 아버지를 용서할 수 있었다고 합니다.

하느님에 대한 신앙에 눈을 뜨고 새로운 삶을 살아가기 시작한 항기 씨와 복희 씨. 불행한 길을 걷던 그들을 구원한 것은 바로 하느님에 대한 신앙이었습니다. 그들은 신앙을 가지고 노래를 불렀습니다. 작곡가로도 이름을 날렸던 윤항기 씨의 〈장밋빛 스카프〉1975 〈나는 어떡하라고〉1978 〈너무합니다〉1978와 같은 노래를 예로 든다면, 신앙을 갖기 전에는 그 가사가 부정적이고 슬프고 염세적인 성격을 보입니다. "내가 왜 이럴까 오지 않을 사람을 …… 차라리 그 사람을 만나지 않았던들, 이 고통 이 괴로움 나에겐 없을 걸" "무슨 말을 할까요. 울고 싶은 이 마음. 눈물을 글썽이며 허공만 바라보네 …… 나는 어떡하라고" "너무합니다. 너무합니다. 당신은 너무합니다" 이런 식이지요.

그러나 항기 씨가 신앙을 갖고 난 후에는 노래 가사가 상당히 긍정적이고 희망적으로 바뀌었음을 알 수 있습니다. 〈걱정을 말아요〉2014를 예로 들자면, "걱정을 말아요. 염려를 말아요. 할 수 있어요. 걱정을 말아요 …… 포기하지 말아요. 후회하지 말아요. 바람처럼 지나갈 시간들 …… 이제부터 다시 시작해 봐요"와 같은 가사를 담고 있고, 역시 같은 해 윤항기 씨가 데뷔 55주년을 맞아 발표한 〈나는 행복합니다〉는 확연하게 하느님을 만나 신앙을 갖고 세상과 사람들을 사랑하며 행복해 하는 작곡가의 마음을 드러냅니다. "나는 행복합니다. 정말 정말 행복합니다. 기다리던 오늘 그날이 왔어요. 즐거운 날이에요. 움츠렸던 어깨 답답한 가슴을 활짝 펴봐요. 가벼운 옷차림에 다정한 벗들과 즐거운 마음으로 들과 산을 뛰며 노래를 불러요. 우리 모두 다 함께"

대표적인 노래로 〈여러분〉을 언급하지 않을 수 없습니다. 이 노래는 기적적으로 완쾌된 항기 씨가 이혼으로 실의에 빠진 여동생을 위로하기 위해 작곡한 복음성가로 제3회 '서울 국제가요제'에서 대상을 수상했습니다. 1979년 무렵이니 신앙을 갖고 작곡한 초기 작품이라 할 수 있겠지요. 이 곡은 항기 씨가 이사야서 41장 10절을 읽고 기도하면서 만든 곡이라고 합니다.

나 너와 함께 있으니 두려워하지 마라.
내가 너의 하느님이니 겁내지 마라.
내가 너의 힘을 북돋우고 너를 도와주리라.
내 의로운 오른팔로 너를 붙들어 주리라.

이런 말씀을 묵상하며 자신의 신앙적 체험을 녹여서 만든 〈여러분〉의 가사는 이러합니다.

네가 만약 괴로울 때면 내가 위로해 줄게
네가 만약 서러울 때면 내가 눈물이 되리
어두운 밤 험한 길 걸을 때 내가 내가 내가 너의 등불이 되리
허전하고 쓸쓸할 때 내가 너의 벗 되리라
나는 너의 영원한 형제야
나는 너의 친구야
나는 너의 영원한 노래여
나는 나는 나는 나는 너의 기쁨이야

이 노래 끝에 "내가 만약 외로울 때면 누가 나를 위로해 주지?"라는 물음에 "여러분"이라는 대답이 덧붙여지는데, 원래는 '여러분'이 아니라 '하느님'이었다고 합니다. 가사에서 '너를 위로해 주겠다고 말씀하시는 나'가 바로 하느님이시고, 하느님께서 하시는 위로의 말씀이 이 노랫말이지요.

수많은 역경에도 불구하고 하느님께 대한 믿음을 잃지 않는 님들 되시기를 소망하며, 일찍이 예수의 성녀 데레사 수녀님께서 권고하신 말씀을 들려드립니다. "그 무엇에도 너 흔들리지 말며 그 무엇에도 너 두려워하지 마라. 모든 것은 지나가는 것. 하느님께서만 변치 않으신다. 인내는 모든 것을 얻는다. 하느님을 가진 자는 부족함이 없으니 하느님만으로 충분하다."

사랑을 실천하는 그리스도인

우리는 하느님을 찾으면서 자신을 알게 되고, 그럼으로써 그분께 대한 신앙도 성장하게 됩니다. 하느님께 대한 내 신앙이 성숙해지는 만큼 하느님과 나 자신도 더 깊이 알아가게 되는 것이지요. 하느님께 대한 질문과 탐구는 그저 신학적인 연구에 그치지 않습니다. 그것은 먼저 신앙하는 것이고, 또 그 신앙을 실천하는 것입니다.

어느 계간 수필집에서 〈어느 노인의 유언〉이라는 제목의 글을 인상 깊게 읽었는데, 그 내용은 이렇습니다.

팔순을 넘긴 한 부자 노인이 있었습니다. 건강을 잘 유지하고 있었고, 재산도 많은 그는 일흔이 넘었을 때 아내를 먼저 떠나보냈습니다. 평소 봉사 활동으로 사회적 명망도 얻었고, 성공한 자녀까지 서넛 둔 그였습니다. 그러기에 그가 아내와 사별한 지 몇 달 지나지 않아 30세의 젊은 여성을 후취로 맞아들이자, 이를 두고 의아해하는 사람들이 많았습니다.

어느날 그가 세상을 떠나게 되었습니다. 그의 유언에 따라 유산 대부분이 후처에게 갔고, 집에서 기르던 개에게도 상당한 재산이 남겨졌습니다. 그런데 정작 친자녀들에게는 재산을 별로 남겨 주지 않았지 뭡니까!

자녀들과 주위 사람들이 난리가 났습니다. 그들은 세상을 떠난 노인을 비난하였습니다. 망령이 들었나, 후처에게 쏙 빠졌나, 젊은 여자 수에 홀딱 넘어간 것 아니냐, 자식들이 개만도 못하게 되었네 라면서요.

그 노인은 유서에 이러한 글을 남겼다고 합니다. "내가 괴로울 때 누가 진실로 나를 위로해 주었던가? 내가 아플 때 누가 나를 지켜보며 함께 아파했던가? 내가 울적할 때 누가 내 마음을 풀어 주고, 심심할 때 누가 함께 놀아 주었던가? 나와 함께 있었던 사람, 나에게 사랑을 보여 준 사람이 내 가족 아닌가!"

자주 찾아오지 않는 친자식보다는 외롭고 병든 내 곁에서 함께해 준 사람이 참된 가족이고, 그 사람에게 재산을 남기고 간다는 내용입니다. 예수님께서 들려 주신 '착한 사마리아 사람'의 비유를 생각하게 하는 이야기죠. 강도를 만난 사람에게 사랑을 실천한 사람이 바로 참된 이웃이라는 것이 예수님의 말씀 아닙니까! 성 골룸바노St. Columban 543-615 아빠스는 이렇게 말씀하셨습니다.

누가 감히 말로 표현할 수 없고 생각으로 다 헤아릴 수 없는 지극히 높으신 하느님의 본질을 탐구해 낼 수 있겠습니까? 누가 감히 하느님의 오묘한 신비를 꿰뚫어 볼 수 있겠습니까? 하느님의 참모습을 본 사람은 없습니다. 따라서 누구도 탐구해 낼 수 없는 하느님 존재의 성격과 양식과 원인을 탐구해 내려고 하지 말아야 합니다. 이것들은 말로 형언할 수 없고, 탐구할 수 없으며, 이해할 수 없는 것들입니다. 여러분은 단순하게 그러나 견고히 이것만을 믿어야 합니다. 그러므로 하느님에 대한 최고의 지식을 논쟁을 통해서 찾지 말고 선행의 완성으로 찾으십시오.

성 골롬바노 아빠스의 말씀처럼 우리 그리스도인은 연구를 통해서가 아니라 신앙과 선행, 무엇보다도 사랑의 실천을 통해 하느님을 찾아야 합니다.

하느님께 대하여 아는 것은 실천을 요구함을, 하느님을 제대로 알려면 먼저 사랑의 실천이 따라야 함을 잊지 마십시오! 그리스도인은 하느님을 아는 만큼 그분께서 원하시는 사랑을 실천하는 사람입니다. 사랑하지 않는 사람은 하느님을 결코 제대로 아는 신앙인이 아닙니다!

둘째 글

10원에서 1원을 내놓으라꼬예?

하느님 우야꼬예?

/1

구원 - 사랑의 하느님과의 만남

하느님의 존재를 믿는 삶의 자세

하느님의 존재를 믿는 우리는 어떻게 살아야 할까요? 한마디로 '신자답게' 살아야 하겠습니다. 신자답게 산다는 것은 먼저 양심에 따라 산다는 것이고, 나아가 하느님의 법을 준수하며 사는 것입니다. 또한 신자답게 산다는 것은 그리스도의 증거자로 사는 것입니다. 즉 우리는 기회가 닿는 대로 세상 사람들에게 그리스도를 알려 주는 삶을 살아가야 하고, 그리스도의 가르침을 따르는 삶이야말로 참으로 가치 있고 기쁜 것임을 세상에 보여 주어야 합니다.

천국, 지옥, 연옥

하느님의 존재를 믿는 삶을 산다는 것은 영생에 대한 희망을 가지고 사는 삶을 의미합니다. 어떤 영생에 대한 희망을 말하는 것일까요? 바로 하느님 나라에 대한 희망입니다. 우리를 창조하시고, 우리를 위해 계시는 하느님께서는 우리를 위해 영원한 생명의 나라를 준비해 두셨습니다. 우리를 위해 영원한 생명의 나라를 준비해 두신 하느님은 '사랑의 하느님' 이시면서 '정의의 하느님' 이시고 '심판의 하느님', 곧 '상선벌악賞善罰惡의 하느님' 이십니다. 그리고 이러한 하느님을 믿는다는 것은 하느님께서 약속하신 천국과 지옥과 연옥을 믿는다는 것을 뜻합니다.

어떠한 하느님을 만나는 상태인가에 따라

천국과 지옥과 연옥을 '하느님과의 만남의 차원에서' 생각해 보았으면 합니다. 세상을 떠난 사람이 어떠한 하느님을 만나느냐는 관점에서 생각해 보자는 것입니다. 즉 장차 사람이 죽고 나서 '어떠한 하느님을 만나느냐' 는 관점에서 천국은 '사랑하시는 하느님을 만나는 상태' 로, 지옥은 '정의로우신 하느님, 심판하시는 하느님을 만나는 상태' 로, 연옥은 '정화하시는 하느님을 만나는 상태' 로 생각해 볼 수 있지 않을까요?(참고로, 불교와 개신교에서는 '정화의 과정을 겪는 연옥' 이라는 개념이 없습니다.)

하느님을 어떻게 만나는 상태인가에 따라

그런가하면 천국과 지옥과 연옥을 '하느님과의 만남의 성사 여부에 따라' 생각해 볼 수도 있겠습니다. 세상을 떠난 사람이 과연 '하느님을 만나느냐, 못만나느냐' 는 관점에서 생각해 보자는 것입니다. 즉 장차 사람이 죽고 나서 '하느님을 어떻게 만나느냐' 는 관점에서, 천국은 '하느님을 만나는 상태' 로, 지옥은 '하느님을 만나지 못하는 상태' 로, 연옥은 '하느님을 만날 준비를 하는 상태' 로 생각해 볼 수 있지 않을까요?

지복직관의 구원

우리 신앙의 목표와 목적은 구원입니다. 신학은 사람이 천국에서 하느님을 만나는 구원을 '지복직관' 至福直觀, 곧 "(사람이) 하느님을 직접 마주보는 지극히 복된 상태"라는 말로 설명합니다. 꿈에도 그리던 하느님, 그토록 사랑하던 하느님, 우리를 위해 모든 것을 내어 놓으신 하느님, 외아드님의 수난과 죽음까지도 마다하지 않으신 하느님, 그분을 직접 만나 눈으로 보고 함께하는 것, 그것이 우리 구원의 내용이라는 말이죠.

이렇게 서방 교회의 신학에서 구원을 지복직관이라는 말로 설명하는 반면, 동방 교회의 신학에서는 구원을 사람이 하느님 비슷하게 된다는 '신화' 神化라는 말로 표현합니다. 지극히 거룩한 하느님이시니 우리도 거룩한 사람이 되어야 한다는 것이지요. 아직 거룩한 사람이 아니어서 하느님을 마주하기에 부족함이 너무 많은 사람은 '정화의 과정'을 거치게 된다는 우리 가톨릭교회의 연옥교리가 설득력 있게 들리지 않습니까?

어떤 사형수는 "나는 천당가기엔 너무나 부당하지만 그래도 지옥에 가려니 억울하다. 그러니 불교와 개신교와 달리 연옥이 있다고 하는 천주교가 제일 나은 듯하다."고 하면서 가톨릭 세례를 받았다는 이야기가 있습니다. 물론 연옥이 있으니 대충 살면 되겠다는 님은 계시지 않겠죠? 거룩한 하느님을 직접 만나 뵈올 수 있도록 계명을 지키고, 사랑을 실천하며, 거룩한 삶을 살 수 있도록 힘씁시다!

구원을 위한 인간의 협력

구원은 '10원에서 1원을 뺀 것'입니다. 무슨 말일까요? 하느님께서는 구원을 위해서 우리 인간에게 1원이나 더 많은, 즉 구원을 위해 충분한 10원을 주셨는데, 그 10원을 구원9원이 되게 하려면 우리가 받은 10원에서 1원을 도로 내어 놓아야 한다는 것입니다. 즉 우리의 구원은 하느님의 은총으로 이루어지는 것인데, 그 하느님의 은총에 우리 인간의 자유로운 협력도 따라야 한다는 말입니다.

"구원을 위해서 꼭 필요한 것은 하느님의 은총인가, 아니면 인간의 자유인가?" 이는 신학 안에서 계속 제기되어 온 물음이기도 합니다. 우선 구원에 대한 개신교의 입장을 말하자면, 구원을 위해서는 하느님의 은총이 꼭 필요하다는 것입니다. 그것도 100퍼센트 필요하다는 것입니다. 개신교 용어로는 '솔라 피데' sola fide 오직 은총으로만, 곧 사람은 하느님의 은총으로만 구원된다는 것이지요. 이에 비해 우리 가톨릭 교회에서는 구원을 위해서는 하느님의 은총이 꼭 필요한 것이지만, 그에 대한 인간의 응답과 협력도 필수적이라고 가르치고 있습니다. 하느님의 은총 없이 인간은 결코 구원받을 수 없지만, 하느님은 당신의 은총에 대해서 인간의 응답과 협력을 필요로 하신다는 것입니다. 이러한 맥락에서 아우구스티노 성인St. Augustinus 354-430은 "너 없이 너를 창조하신 하느님께서 너 없이 너를 구원하시지 않는다."라고 말씀하셨지요.

그렇다면 인간의 응답과 협력, 곧 자유는 어느 정도 필요하며, 또 어떤 방식으로 작용하는 것일까요? 이에 대해 가톨릭신학 내에서는 수많은 주장과 논쟁이 있었습니다.

이러한 문제는 지금도 해결되지 않고 있는데 아마 종말까지 계속되겠지요. 이러한 논쟁 속에서도 포기할 수 없는 내용이 있다면 그것은 하느님께서 인간의 구원을 위해서 충분한 은총을 주셨다는 것과 우리 인간은 그에 대해 꼭 자유로운 응답과 협력을 드려야 한다는 것입니다.

우리 가톨릭교회에서 말하는 구원의 내용을 비교적 잘 표현하는 '9원 = 10원-1원' 이라는 도식을 떠올리며, 내가 가진 1원은 무엇인가, 나는 그 1원을 움켜쥐고 있지는 않은가 생각해 봅시다.

우리가 만드는 천국과 지옥

천국과 지옥은 사람이 만드는 것입니다. 이건 또 무슨 말이냐고요? 지금 내가 천국의 삶을 살면 나에게 천국이 열리고, 지금 내가 지옥의 삶을 살면 그런 나에게는 지옥이 열리게 된다는 것입니다. 즉 서로 이해하고 양보할 때에는 우리에게 천국이 열리겠지만, 서로 오해하고 시기하고 질투하고 미워하고 양보하지 않을 때에는 지옥이 열리겠지요. 천국의 삶을 준비하고 살려면 남들에 대한 양보와 이해의 마음을 가져야 합니다.

배우 박중훈이 어느 신문의 칼럼에서 〈배우의 마음으로〉라는 제목으로 글을 썼습니다. 참으로 공감했던 내용이어서 옮겨봅니다.

동의는 못해도 이해는 해야만 되는 것이 연기인데, 배우는 살인자를 연기할 때도 그를 용서할 순 없어도 최소한 이해할 수 있어야 합니다. 우리 모두가 타인을 연기하는 배우의 마음으로 실제 세상을 살 수 있다면 얼마나 평화로울까요? 아무리 이해할 수 없는 사람과 생각에도 반드시 이해해야만 하는 역지사지易地思之의 책무를 가지고 산다면 서로를 이토록 미워하진 않을 겁니다.

우리를 사랑하시는 하느님께, 우리를 위하여 계시는 하느님께 우리도 맞갖은 사랑의 응답을 드려야겠습니다. 우리를 사랑하시는 하느님께 대한 사랑, 하느님 말씀에 대한 믿음, 하느님 나라에 대한 희망으로 서로 이해하고 양보하며 사랑하는 삶으로 지금부터 천국을 준비하며 살아가는 님들 되시기를 바랍니다!

/2
원죄에 관한 교리

유아 세례의 필요성

'구원에 관한 교회의 신앙' 이 교의적教義的인 발전을 이루게 것은 트리엔트 공의회1545-1563를 통해서입니다. 이때 이론적인 정립을 위해 큰 역할을 한 것이 '원죄 교리' 原罪教理입니다. 즉 원죄가 인간에게 유전적으로 전해져 오는 것이니 모든 사람이 가지고 태어나는 죄의 사함을 위해서, 곧 인간의 구원을 위해서는 그리스도의 구속공로가 꼭 필요하다는 논리가 나온 것이지요.

이러한 원죄 교리가 나오게 된 배경에는 일찍이 유아 세례의 필요성이 있었습니다. "죄 없는 아기가 왜 죄사함의 세례를 받아야 한단 말인가?"라는 문제 앞에서, 모든 사람이 (원)죄를 가지고 태어나니 유아가 세례를 받는 것은 당연하다는 것이 교회의 입장이었습니다. 이렇게 대두된 원죄론은 5세기 뻴라지우스 이단에 반대한 아우구스티노 성인의 이론529 오랑주 시노드에 영향을 받아 16세기 프로테스탄트의 종교개혁에 대항하여 1546년 트리엔트 공의회에서 세부적으로 확정된 것입니다.

원죄 교리의 내용

태초의 인간이 지은 죄, 인간의 첫 범죄가 후손인 우리에게까지 전해 오는 죄를 원죄라고 합니다. 하지만 우리에게 있어서 원죄는 일반적으로 말하는 죄와는 다릅니다. 즉 아담과 하와는 자유 의지로 죄를 지었고, 그래서 그들에게 원죄는 본죄였지만, 우리에게 원죄는 우리 자유 의지와는 아무 관련이 없는 것으로 엄밀한 의미에서는 죄가 아닙니다. 즉 원죄는 유비적인 의미에서 죄라고 부르는 것으로서 개인의 잘못이 아닌 것입니다.

태초의 인간은 악마의 유혹을 받아 자신을 창조하신 하느님을 신뢰하지 못하고, 자유를 남용하여 하느님께 순종하지 못하는 죄를 범하였습니다. 그리하여 인간은 하느님께서 처음 자신을 창조하셨을 때의 본성의 상태와는 다른 손상된 본성을 후손들에게 전해 주게 되었는데, 교회는 이것을 원죄라고 가르칩니다. 그러면서 교회는 이러한 원죄가 인간의 출생으로써 인간의 본성과 함께 전달된다고 가르치고 있습니다. 인간은 누구나 원죄를 갖고 태어나는 것이기에, 그로써 인간은 하느님보다 자기 자신을 더 좋아하고,

동시에 하느님을 무시하고 싶은 유혹을 받게 되었다는 것입니다.

바오로 사도는 "한 사람의 불순종으로 많은 이가 죄인이 되었다."(로마 5,19)고 말했습니다. 이처럼 원죄 교리는 모든 사람이 태초 인간의 죄에 연관된다는 것을 천명하고 있습니다. 태초 인간의 죄가 오늘날 우리에게까지 전해져 오고, 우리가 그 원죄를 갖고 태어난다는 것은, 우리도 아담과 하와와 같은 인간의 조건으로 그들과 같은 상황 안에 태어난다는 말입니다. 즉 우리도 태초의 인간처럼 창조주 하느님을 신뢰하지 못하고 자신의 자유를 남용함으로써 하느님의 계명에 불순종하고 싶은 유혹을 받고 있다는 것입니다. 이러한 의미에서 우리가 하느님께서 원하시는 선을 실천하기에 어려움을 느끼고, 하느님께 불순명하고 마음대로 살고 싶은 욕망을 가지고 있다는 것은 '원죄와 관련되어 있는 증거'라고 하겠습니다. 하느님 없이 살고자 하는 마음, 하느님을 따르지 않고 자신이 하느님처럼 행동하고자 하는 자세 등이 그것이지요.

예수 그리스도의 필요성에 대한 역설

원죄 교리는 '구원자 예수 그리스도를 필요로 하는 우리 인간의 처지'를 잘 드러내는 가르침이기도 합니다. 즉 "예수님께서 모든 사람의 구원자이시다" "구원은 그리스도의 은총으로 주어진다"는 것을 역설하는 가르침이 원죄 교리이기도 하다는 것입니다. 곧 모든 인간은 원죄를 가지고 태어나기 때문에, 예수 그리스도의 구속 공로로 그 원죄를 사함 받고, 그분의 은총으로 구원에 이를 수 있다는 것이지요. 이는 또한 나약한 자유 의지를 가진 우리 인간이지만 그리스도의 은총으로 구원을 위한 공로를 쌓을 수 있음을 드러내는 말이기도 합니다.

원죄의 결과

교회는 원죄의 결과로 다음과 같은 점들을 들고 있습니다. 태초의 인간이 죄를 지어 하느님께서 창조하신 상태의 거룩함의 은총을 잃어 버렸다는 것, 그로써 인간은 처음의 조화로운 상태를 더 이상 누리지 못하게 되었다는 것, 인간은 육체에 대한 영혼의 영적인 지배력에 손상을 입게 되었다는 것, 남자와 여자의 결합도 갈등의 지배 아래 놓이게 되었다는 것, 또 그 관계가 탐욕과 지배욕으로 (간음, 강간, 추행, 폭력 등으로) 얼룩지게 되었다는 것, 자연과 인간이 이루는 조화가 깨어져 버렸다는 것, 인간에게 자연이 적대적인 것이 되었다는 것, 그리고 인간이 죽게 되었다는 것, 인간이 비참한 상태에 놓이게 되었다는 것, 인간 본성에 손상이 생겨 죄로 기울어지는 경향을 띠게 되었다는 것, 그리하여 세상에 죄가 범람하게 되었다는 것 등입니다.

세례는 그리스도 은총의 생명을 줌으로써 원죄를 없애고 인간을 하느님께 돌아서게 하지만, 약해지고 악으로 기우는 인간 본성에 미친 결과는 인간 안에 집요하게 남아서 영적인 싸움을 치르게 합니다.(『가톨릭교회교리서』 405항)

/3

변화를 위한 회개, 구원으로 이끌어 가는 삶

회개한 이에게 오시는 성령

베드로 사도는 성령은 회개悔改하고 죄사함의 세례를 받는 사람들에게 선물로 주어진다고 말씀하셨습니다.

사람들은 이 말("하느님께서는 여러분이 십자가에 못 박은 이 예수님을 주님과 메시아로 삼으셨습니다.")을 듣고 마음이 꿰찔리듯 아파하며 베드로와 다른 사도들에게, "형제 여러분, 우리는 어떻게 해야 합니까?" 하고 물었다. 베드로가 그들에게 말하였다. "회개하십시오. 그리고 저마다 예수 그리스도의 이름으로 세례를 받아 여러분의 죄를 용서받으십시오. 그러면 성령을 선물로 받을 것입니다."(사도 2,37-38)

베드로 사도의 말씀은 결국 성령께서 오시는 전제 조건이 하나 있으니, 바로 회개해야 한다는 것입니다.

회개한 이에게 주어지는 구원

성령을 받기 위해서만 회개해야 하는 것은 아닙니다. 구원을 받기 위해서 우리는 회개해야 합니다. 회개하지 않으면 우리 모두는 망하고 말 것입니다!

회개는 기존에 나아가던 방향의 전환을 뜻합니다. 즉 그동안 쉽게 죄 짓곤 하던 잘못된 삶을 바꾸어 새로운 삶으로 돌아서는 일입니다. 세례자 요한은 자기에게 세례를 받으러 오는 군중에게 말하였습니다.

> 독사의 자식들아, 다가오는 진노를 피하라고 누가 너희에게 일러 주더냐? 회개에 합당한 열매를 맺어라. 그리고 "우리는 아브라함을 조상으로 모시고 있다."는 말은 아예 혼잣말로라도 꺼내지 마라. 내가 너희에게 말하는데, 하느님께서는 이 돌들로도 아브라함의 자녀들을 만드실 수 있다. 도끼가 이미 나무뿌리에 닿아 있다. 좋은 열매를 맺지 않는 나무는 모두 찍혀서 불 속에 던져진다.(루카 3,7-9)

다가오는 진노를 피하려면, 곧 멸망하지 않으려면 어떻게 해야 한다는 말씀입니까? 회개해야 한다는 말씀입니다.

성경에서 회심하여 변화한 대표적인 사람으로 바오로 사도를 들 수 있습니다. 사도행전은 회심한 사울이 어떻게 새 사람으로 변화되어 주님을 증거하고 전하는 사도 바오로가 되었는지를 잘 전해 주고 있습니다.

"저 사람은 예루살렘에서 예수의 이름을 받들어 부르는 자들을 짓밟은 자가 아닌가? 또 바로 그런 자들을 결박하여 수석 사제들에게 끌어가려고 여기에 온 것이 아닌가?" 하고 말하였다. 그러나 사울은 더욱 힘차게 예수님께서 메시아이심을 증명하여, 다마스쿠스에 사는 유다인들을 당혹하게 만들었다.(9,21-22)

예수님을 메시아로 전하던 사람들에게 박해를 일삼던 사울, 이제 그가 회개를 통해 완전히 다른 사람이 되어 예수님을 메시아로 전하는 사람이 되었다는 것입니다.

회개의 증거

세례자 요한의 말씀을 기반으로 회개의 증거가 무엇인지를 생각해 봅니다.

군중이 그에게 물었다. "그러면 저희가 어떻게 해야 합니까?" 요한이 그들에게 대답하였다. "옷을 두 벌 가진 사람은 못 가진 이에게 나누어 주어라. 먹을 것을 가진 사람도 그렇게 하여라."(루카 3,10-11)

여기서 우리는 회개의 첫째가는 증거는 '자선慈善과 나눔'이라는 것을 알 수 있습니다. 내가 회심의 삶을 살고 축복을 받아 남들보다 더 여유 있는 삶을 살고 더 많이 갖고 있다면 그것을 어려운 이들과 나눌 줄 알아야 합니다. 구세군 자선냄비는 잘 알고 있으면서 정작 '자선하라'는 말은 못 알아듣는 신자들이 있습니다. 자선이란 내가 가진 것들을 어려운 이들과 나누는 '애긍시사'哀矜施舍를 말하는 것이지요. 자선하는 데에는 여러 가지 방법이 있습니다. 사순절 사순 모금함, 복지기관 후원계좌 이용 등입니다. 요즘에는 자동이체도 있으니 어렵지 않게 자선을 실천할 수 있습니다.

세리들도 세례를 받으러 와서 그에게, "스승님, 저희는 어떻게 해야 합니까?" 하자, 요한은 그들에게 "정해진 것보다 더 요구하지 마라." 하고 일렀다."(루카 3,12-13)

세례자 요한은 '세리'라는 직업을 긍정하는 모습을 보였습니다. 그는 세리들에게 동포들의 고혈을 짜내야만 하는 세리라는 직업이 좋지 않으니 바꾸어야 한다고 하지 않았습니다. 대신 요한은 세리들에게 남에게 정해진 만큼만 요구하라고 말씀하셨습니다. 즉 직업상의 일을 하면서 돈을 벌되, 상식선에서 이익을 취하라는 말입니다. 상인들로 말하자면, 불가피하게 거짓말을 해가며 돈을 벌려고 하지 말고, 정당한 이윤을 남겨서 수익을 내면 된다는 것이지요.

만족할 줄 아는 삶

세례자 요한은 만족하는 삶이 중요하다고 말씀하셨습니다.

군사들도 그에게 "저희는 또 어떻게 해야 합니까?" 하고 묻자, 요한은 그들에게 "아무도 강탈하거나 갈취하지 말고 너희 봉급으로 만족하여라." 하고 일렀다.(루카 3,14)

요한은 남의 것을 탐하거나 빼앗지 말고 자신의 봉급으로 만족하라고 하였습니다. 자기가 가진 것으로 만족할 줄 알아야지 더 가지려고 해서는 안 된다는 것입니다. 어느 정도 가지고 있다면 그것으로 되었으니 더 욕심 내지 말아야 한다는 것이지요.

사람들이 저지르는 많은 죄의 출발점은 대개의 경우 만족할 줄 모르는 욕심에 있는 듯합니다. 아담과 하와의 죄가 그 대표적이라 하겠고, 다윗왕이 우리야의 아내 '밧 세바'로 인해 저지른 죄도 역시 그러하다 하겠습니다. 만족할 줄 모르는 욕심은 많은 경우 질투의 탈을 쓰고 나타납니다. 어떤 사람에 대한 질투는 그 사람보다 내가 더 사랑받고 싶은 욕심에서 나오는 것 아니겠습니까? 카인이 저지른 죄가 그 대표적이라 하겠군요. 욕심을 내지 않고 만족할 줄 아는 삶, 그러한 삶은 하느님께 감사하는 가운데 그분의 뜻을 실천하는 복된 구원의 삶으로 이어지는 것이지요.

하느님의 뜻을 실천하는 삶

주 예수님께서는 구원으로 이끄는 삶에 대해서 이렇게 말씀하셨습니다. "나더러 '주님, 주님!' 하고 부른다고 다 하늘 나라에 들어가는 것이 아니다. 하늘에 계신 내 아버지의 뜻을 실천하는 사람이라야 들어간다."(마태 7,21). "하늘에 계신 내 아버지의 뜻을 실천하는 사람이면 누구나 다 내 형제요 자매요 어머니이다."(마태 12,50). 이에 야고보 사도가 말씀하셨습니다. "그러니 그저 듣기만 하여 자기 자신을 속이는 사람이 되지 말고 말씀대로 실천하는 사람이 되십시오."(야고 1,22). 성경 말씀에 따르면 우리는 믿음의 조상인 아브라함의 후손이기에 구원을 받는 것은 아닙니다. 또한 우리가 그리스도의 이름으로 세례를 받고 그분을 믿고 따르는 그리스도인이라고 해서 자동적으로 구원을 받는 것도 아닙니다. 구원을 위해서 중요한 것은 하느님의 말씀을, 하느님의 뜻을 실천하는 일입니다.

회개는 바로 내가 변화할 수 있는 기본적인 조건입니다. 내가 복음으로 변화하기를 원한다면 먼저 회개해야 합니다. 회개의 자세로 성령께 마음을 열고 협력하면서, 기쁘게 선행을 행하고 사랑을 실천하는, 그리하여 천국의 삶을 이 세상에서부터 살고 준비하는 님들이 되시기를 소망합니다!

/4

하느님 나라를 위한 전제 조건

회개해야 가는 나라

"때가 다 되어 하느님의 나라가 다가왔다. 회개하고 이 복음을 믿어라!"(마르 1,15). 예수님께서 하신 일은 한마디로 복음을 선포하는 일이었고, 그 선포의 내용은 다가오는 하느님의 나라였습니다. 여기서 우리는 하느님의 나라가 다가왔다는 복음에 대한 신앙의 전제 조건은 바로 '회개하는 일'이었음에 주목해야 합니다. 곧 하느님의 나라는 어디까지나 회개한 다음에야 올 수 있는 나라입니다! 하느님의 나라가 회개하고 난 다음 비로소 우리와 함께 할 수 있는 나라라면, 이 세상에서부터 하느님의 나라를 살아갈 수 있다는 말 아닐까요?

님들은 어떠하십니까? 하느님의 나라에서 살고 있음을 느끼지 못하고 계십니까? 그렇다면 우리가 '회개하지 않아서' 일지도 모릅니다. 우리가 믿고 희망하는 하느님의 나라는 '죄를 짓지 않음으로써' 가는 나라라기보다는 '죄를 지음에도 불구하고' 우리를 사랑하고 계시는 하느님이 주시는 은총으로 '회개하고 용서를 받음으로써' 가는 나라인 것입니다!

하느님을 향해 돌아섬

신학적으로 '회개' 悔改 metanoia란 '하느님과 그분의 뜻에서 벗어나 살던 사람이 자기 죄를 뉘우치고 하느님께 돌아가는 행위'를 말합니다. 하느님의 뜻 혹은 하느님의 말씀에서 벗어난, 곧 올바른 목표와 방향에서 어긋난 생각과 말과 행위를 '죄' 罪라고 한다면, 회개는 (목표를 벗어나) 죄를 짓던 잘못된 길을 돌이켜 (바른 목표를 향해) 방향을 바꾸는 것, 즉 (하느님께 반역하던) 과거의 길에서 돌아서서 하느님을 향하는 것이라 할 수 있습니다. "이제 그만 나에게 돌아오너라!" 이는 인간의 죄를 아파하시는 성경의 하느님께서 거듭거듭 하신 말씀이지요.

내가 죄를 지어 방황하고, 남 때문에 죄를 지어 미움을 쌓고 있다면, 그런 나에게 하느님께서는 "이제 그만 돌아오너라!"고 하실 것입니다. 그것도 한두 번이 아니라 계속 반복해서 말씀하실 것입니다.

회개의 삶

『가톨릭교회교리서』는 우리가 살아야 할 회개의 삶에 대하여 다음과 같이 말하고 있습니다.

> 일상 생활에서의 회개는 화해의 행위, 가난한 사람들에 대한 관심, 정의의 실천과 타인의 권리 옹호, 형제들에게 잘못을 고백함, 형제적인 충고, 생활에 대한 반성, 양심 성찰, 영적 지도, 고통을 받아들임, 정의를 위해 박해를 견딤 등으로 실현된다. 날마다 제 십자가를 지고 예수님을 따르는 것이 가장 확실한 회개의 길이다.(1435항)

회개의 삶을 살기 위해서는 화해해야 하고, 가난한 사람을 돌보아야 하며, 정의를 실천해야 하고, 자신의 잘못을 인정하고 고백해야 하며, 제대로 충고할 줄 알아야 하고, 생활을 반성하고 양심을 성찰하며, 모범적으로 영적인 생활을 하고, 고통을 수용하며, 박해를 견뎌 내야 합니다. 그러나 가장 확실한 회개의 길은 '날마다 자신의 십자가를 지고 예수님을 따르는 것' 이라고 했습니다. 예수님의 십자가가 아니라 '날마다 나 자신의 십자가를 지고 가야' 합니다.

곧 '계속해서 회개해야' 한다는 것이지요! 회개는 끊임없는 쇄신이며, 끊임없는 성화로 이어집니다. 구원에 이르기 위해서는 계속해서 하느님의 은총에 응답해야 하는데, 그러한 응답에 포함되어 있는 것이 바로 회개의 삶이지요.

사랑의 계명에 충실한 삶

우리가 살아야 하는 회개의 삶은 무엇보다 주 예수님께서 말씀하신 '사랑의 계명에 충실한 삶'이어야 합니다. 곧 물질의 소유와 자기 만족감에 집착하지 않으면서 인간적인 사랑의 시선을 형제자매들에게 보내는 삶을 말합니다. 공동체와 관계없이 나 혼자 동떨어진 채로 형제자매들의 어려움을 외면하는 삶은 그리스도인다운 삶일 수가 없습니다. 한마디로 형제자매들을 위해 사랑을 실천하는 삶이어야 합니다. 일찍이 베네딕토 16세 교황님께서는 말씀하셨습니다. "그리스도인들이 주님에 대한 사랑과 충실성을 새롭게 증언하도록 요구하는 세상에서, 우리는 모두 사랑과 봉사와 선행에 앞장서야 하는 절실한 요구를 느껴야 합니다."(히브 6,10 참조. 2012년 사순 시기 담화문). 교황님이 강조하신 사랑과 봉사, 그리고 선행은 '회개의 길에서 벗어나 나태해지려는 유혹에서 우리 자신을 구해 줄 강력한 수단' 이 될 수 있음을 명심합시다. 이러한 사랑과 봉사, 그리고 선행이야말로 회개의 삶을 살아가고 증거하는 삶 아닐까요?

예수 그리스도께서도 당하신 유혹

영원한 생명을 얻기 위하여, 하느님의 나라에 들기 위하여, 곧 영광의 시간을 위하여 시련을 겪어 내는 일 중에 빠뜨릴 수 없는 것이 '유혹을 이겨 내는 자세' 일 것입니다. 특히 사순 시기에 많은 분들이 여러 가지 결심을 하게 되는데, 가장 문제가 되는 것이 유혹에 대한 대처와 극복의 자세가 아닐까 합니다. 이때 우선 인정하지 않을 수 없는 것은 '우리의 삶은 유혹 가운데 있을 수밖에 없다' 는 것입니다. 이러한 우리에게 주 예수님께서도 유혹을 받으셨다는 사실은 큰 힘이 됩니다. 예수 그리스도께서 우리의 구원을 위하여 유혹을 겪고 이겨 내셨으니 우리도 유혹을 당함이 당연하고, 또 이겨 낼 수 있는 힘도 청하고 얻을 수 있다는 것입니다. 너무나 당연한 것이지만 유혹은 살아 있는 사람만이 당하는 것이지요. 유혹이 없는 삶은 이미 삶이 아니니, 유혹에 대한 걱정이 없는 사람은 '망자'亡子뿐일 것입니다!

유혹 앞에서의 기도

우리 삶에 유혹이 없을 수 없다고 해서 아예 삶의 한 쪽 발을 유혹에 계속 걸쳐두고 살아야 할까요? "저희를 유혹에 빠지지 않게 하시고 ……" 우리가 매일매일 바치는 주님께서 가르쳐 주신 아름다운 기도에도 유혹에 빠지지 않게 해 달라는 간청이 들어 있습니다. 하지만 우리가 유혹에 한 발을 넣은 채로 열심히 기도만 한다면요? 그건 전능하신 주님께서도 (그런 우리를 유혹에서) 지켜 주기 힘들지 않으실까요?

베네딕토 16세 교황님께서 이러한 말씀을 하셨습니다. "안타깝게도, 성령의 불을 꺼버리고 냉담하려는 유혹, 우리가 받은 탈렌트를 우리 자신과 다른 이들을 위하여 쓰기를 거부하려는 유혹은 늘 있다." 이 말씀과 함께 교황님은, 우리 서로가 서로에게 자극을 주어 사랑과 선행을 베풀며 성화의 길을 함께 걸어가자고 권고하셨습니다. 유혹 앞에 깨어있는 자세로 사랑과 선행으로 구원의 길을 가야 하겠습니다.

우선 유혹에 빠져 있는 나의 한 발부터라도 빼내도록 나 자신이 힘써야 합니다! 이를테면 노래방이나 술집을 드나들면서 죄를 짓게 된다면, 먼저 그러한 곳을 찾는 일부터 피해야 합니다. 술을 너무 많이 마시는 것이 문제라면, 먼저 그러한 술자리 자체를 삼가야 하겠지요. 또 1차에서는 괜찮은데 그 다음이 문제라면, 뒤이은 술자리들을 피하려고 노력해야 하겠지요.

/5

성경에서 드러나는 회개

회개의 역사서

성경은 회개하는 자와 회개하지 않는 자의 역사를 기술하고 있습니다. 먼저 구약 성경 시대 이스라엘의 역사는 전체적으로 보아 '하느님께 대한 충실과 반역의 역사'라고 할 수 있지요. 하느님께서는 이스라엘을 당신의 백성으로 선택하시고, 당신을 계시하시고, 그들과 계약을 맺고 많은 복을 약속하셨습니다. 그런데 이스라엘 백성은 하느님의 이러한 부르심과 축복에 대해서 늘 충실하게 응답하지 못했습니다. 계속해서 반역하고 뉘우치는 역사를 반복한 것이지요. 이러한 의미에서 이스라엘에 대한 하느님의 부르심은 한마디로 '회개로의 부르심'이고, 그 부르심에 대한 이스라엘 백성의 응답을 전해 주는 구약 성경은 '회개의 역사서'입니다.

이스라엘에게 있어서 회개는 '죄의 노예와 불행의 포로 상태에서 해방되어 하느님의 사랑과 복을 누림'을 뜻했습니다. 그래서 모세를 비롯한 수많은 예언자들은 이스라엘 백성에게 끊임없이 회개할 것을 호소하였던 것입니다. 이사야 예언자는 "죄인은 제 길을, 불의한 사람은 제 생각을 버리고 주님께 돌아오너라. …… 그분께서는 너그러이 용서하신다."(이사 55,7)라고 역설하였고, 에제키엘 예언자는 행실을 고치고 마음을 돌리는 사람에게는 "새 마음을 주고 너희 안에 새 영을 넣어 주겠다."(에제 36,26)는 주님의 약속을 전해 주고 있습니다.

구약 성경에 나타난 회개의 인물

회개하지 않았던 구약의 사람으로는 아담과 하와, 카인, 사울왕과 같은 사람을 대표적인 인물로 들 수 있습니다.

아담과 하와는 어떠했나요? 그들은 하느님의 말씀을 거슬러 선악과를 따먹은 죄를 범하고 나서 하느님의 시선을 피해 숨었을 뿐 아니라 잘못을 뉘우치며 회개하지 않았고 오히려 서로에게 잘못을 전가하고 핑계를 대었습니다. 프란치스코 교황님의 말씀에 의하면, 이들은 뱀이 전하는 가짜 뉴스에 속아서 하느님을 불신하여 그 뜻을 거슬렀고, 선한 것을 배려하신 하느님을 신뢰하지 않고 투정하였으며, 자신들의 처지를 불평하며 하느님의 말씀을 지키지 않고 죄를 지었습니다.

카인은 동생 아벨의 제물을 더 어여삐 여기시는 하느님의 마음에 불만을 품고, 자신보다 더 많은 사랑을 받는 동생을 질투하여 그를 죽이는 범죄를 저질렀습니다.

사울은 다윗에 대한 질투와 미움으로 살의를 품고 또 실제로 살인을 시도하였습니다. 이미 왕위를 굳혔던 사울이 아말렉과의 싸움에서 이기고 난 후 하느님의 명을 거슬러 전리품을 마음대로 처리한 잘못을 범한 일이 있었지요. 그러한 사울을 거슬러 예언자 사무엘이 한 말은 하느님의 말씀을 준수하는 데 소홀했던 사울의 잘못과 그에 대해 내리신 하느님의 벌을 잘 지적하고 있습니다. "임금님이 주님의 말씀을 배척하였기에, 주님께서도 임금님을 이스라엘 왕위에 머무르시지 못하도록 배척하셨습니다."(1사무 15,26)

그런가하면 회개하였던 구약의 대표적 인물로 다윗을 꼽을 수 있습니다. 다윗은 밧 세바를 범하고 아이가 생기자 어떻게 했습니까? 그는 전쟁에 나가있던 밧 세바의 남편을 아내에게 보내 부부의 동침을 계획했지만 실패했고, 이에 그토록 충성스런 신하였던 우리야를 죽음의 전장으로 보내 죽임을 당하게 하는 간접살인의 잘못을 저지르고 말았지요. 하지만 그후 다윗은 자신의 잘못을 책망하는 나탄 예언자에게 이렇게 고백합니다. "내가 주님께 죄를 지었소."(2

사무 12,13). 이렇게 하여 회개한 다윗 왕은 나탄 예언자로부터 희망의 말씀을 듣게 됩니다. "주님께서 임금님의 죄를 용서하셨으니 임금님께서 돌아가시지는 않을 것입니다."(2사무 12,13)

다윗에 비하면 솔로몬은 어떠했나요? 솔로몬은 아주 지혜로운 왕이었습니다. 하지만 아비만한 아들이 없다고 회개에는 무척이나 더딘 왕이었지요. 솔로몬 왕은 하느님의 말씀을 거슬러 수많은 이방인 여자들을 아내로 맞아들였고, 그들의 신과 우상을 섬기고 산당을 짓는 등 주님의 눈에 거슬리는 악한 짓을 저질렀지요. 아히야 예언자가 솔로몬의 신하인 예로보암에게 전한 하느님의 말씀에서 솔로몬의 잘못이 잘 드러납니다. "그는 자기 아버지 다윗과는 달리, 나의 길을 걷지 않고, 내 눈에 드는 규정과 법규를 지키지도 않았다."(1열왕 11,33)

신약 성경에 나타난 회개의 인물

신약 성경에서 세례자 요한은 이스라엘 백성을 예수님께 향하도록 하면서 회개의 길을 준비했습니다. 그리고 예수님께서는 "회개하고 복음을 믿어라."(마르 1,15)는 말로 공생활을 시작하셨습니다. 그분은 죄인을 불러 회개시키려고 이 세상에 오셨음을 분명하게 밝히셨던 것입니다. '회개는 예수님의 사명' 이었습니다. 예수님께서 당신 전 생애에 걸쳐 하신 일은 바로 사람들을 회개시키는 일이었습니다! 부활하신 예수님께서는 이렇게 당부하셨지요. "예루살렘에서부터 시작하여, 죄의 용서를 위한 회개가 그그리스도의 이름으로 모든 민족들에게 선포되어야 한다."(루카 24,47). 예수님께서는 여러 가지 비유로 회개의 가치를 강조하셨습니다. 특히 '되찾은 아들의 비유' 에서 회개는 하느님의 자비에 의한 사람의 응답으로 나타나고 있습니다.

예수님을 만나 회개한 신약 성경의 사람들 중 먼저 자캐오를 들 수 있습니다. 자캐오는 죄인이며 작고 보잘것없는 자신에게 사랑을 보이시는 예수님을 만나 회개하였지요. 회개한 그는 자신이 가진 것의 반을 내어 놓았습니다.

예수님의 십자가 곁에 함께 매달렸던 죄수는 어떠합니까? "예수님, 선생님의 나라에 들어가실 때 저를 기억해 주십시오."(요한 23,42). 그는 짧은 회개의 표현으로 하느님의 나라를 얻는 행운을 얻었습니다. "너는 오늘 나와 함께 낙원에 있을 것이다."(요한 23,43)

신약 성경에서 또한 빼놓을 수 없는 회심의 사도가 있습니다. 사도행전 9장이 전하는 바오로 사도입니다. 하느님께 대한 열정으로 충만했던 사울은 회심하여 '이방인을 위한 사도 바오로'로 파견을 받았던 것입니다.

루르드 성지에서 〈십자가의 길〉을 바치면서, 십자가에 매달리신 예수님과 두 죄수의 모습을 인상 깊게 보았습니다. 예수님 곁의 한 죄수는 고개를 돌려 예수님을 외면하고 있는 반면, 다른 죄수는 고개를 예수님께 향해 있었지요. 죽는 그 순간까지 천국을 열망하며 주 예수님을 향한 마음과 자세를 잃지 말아야 하겠습니다.

반면에 회개하지 않는 신약 성경의 사람들이 있습니다. 먼저 회개하지 않는 고을들(마태 11장; 루카 10장)을 들 수 있겠습니다. 예수님께서는 당신이 숱한 기적을 일으켰음에도 불구하고 회개하지 않는 도시들을 꾸짖으셨습니다. "불행하여라, 너 코라진아! 불행하여라, 너 벳사이다야! 너희에게 일어난 기적들이 티로와 시돈에서 일어났더라면, 그들은 벌써 자루옷을 입고 재를 뒤집어쓰고 회개하였을 것이다."(마태 11,21). 예수님께서는 빌라도가 갈릴래아 사람들을 죽인 일(루카 13장)을 예로 드시며 '회개하지 않는 사람은 멸망할 것' 임을 강조하셨습니다. "너희는 그 갈릴래아 사람들이 그러한 변을 당하였다고 해서 다른 모든 갈릴래아 사람보다 더 큰 죄인이라고 생각하느냐? 아니다. 내가 너희에게 말한다. 너희도 회개하지 않으면 모두 그처럼 멸망할 것이다."(루카 13,2-3). 예수님께서는 다른 사건을 언급하시면서 회개에 대해서 말씀하셨습니다. "또 실로암에 있던 탑이 무너지면서 깔려 죽은 그 열여덟 사람, 너희는 그들이 예루살렘에 사는 다른 모든 사람보다 더 큰 잘못을 하였다고 생각하느냐? 아니다. 내가 너희에게 말한다. 너희도 회개하지 않으면 모두 그렇게 멸망할 것이다."(루카 13,4-5)

교회의 역사: 회개와 성화의 역사

교회의 역사는 '회개와 성화聖化의 역사' 로 이루어져 있습니다. 이스라엘 백성이 그랬고, 예수님 시대의 사람들이 그랬듯이 교회의 수많은 순교자와 성인 성녀와 신자들이 죄의 방탕한 생활에서 그리스도의 사랑에 대해 눈을 뜨고 회개하여 완덕의 길에 들어섰었지요. 이렇게 교회는 계속해서 회개와 성화의 역사로 이루어진 길을 걷고 있는 것입니다.

교회는 회개하는 자에게는 하느님의 축복이, 회개하지 않는 자에게는 멸망이 따른다는 것을 알려 주면서, 회개의 증거를 행실로 보여 주어야 함을 역설하는 성경의 가르침에 충실하고자 합니다. 교회가 전하는 하느님, 또 교회가 믿고 따르는 하느님은 바로 언제나 우리의 회개를 기다리시고, 그것을 다른 무엇보다도 기뻐하는 '사랑과 자비와 용서의 하느님' 이십니다!

/6

사랑의 하느님을 믿고 따르는 삶

삼위일체의 하느님

우리는 삼위일체三位一體이신 하느님을 믿습니다. 삼위일체, 이해하기에 참 어려운 말 아닌가요? 저 개인적으로는 삼위일체보다 삼위일치三位一致의 하느님으로 부르는 것이 신자들이 이해하기에 더 낫지 않을까 생각합니다.

신학적으로 설명하자면, "하느님은 위격으로는 셋이지만 본체로는 한 분이십니다." 즉 "성부와 성자와 성령이신 하느님은 신성으로는 같은 분이시지만, 위격으로는 서로 다른 분이십니다." 정확하게는 성부 성자 성령이 모두 하느님이신데, 성부는 성자도 성령도 아니시며, 성자도 성부와 성령도 아니시며, 성령도 성부도 성자도 아니시라는 것이 삼위일체 교리의 내용이라 할 수 있습니다.

하느님은 위격으로 서로 다른 분이시나 신적인 본성으로는 같다는 말은 성부와 성자와 성령으로 서로 다른 하느님이 '친교와 일치의 하느님' 이시고 '사랑의 하느님' 이시라는 말이기도 합니다.

사랑의 하느님

"하느님은 사랑이십니다."(1요한 4,16). 하느님을 왜 사랑이라고 하는 것일까요? 하느님은 그 존재의 속성상, 본질적으로 사랑이라는 말로 가장 잘 표현할 수 있기 때문입니다. 사랑은 혼자 할 수 없는 것이지요. 사랑에는 대상이 필요합니다.

하느님은 삼위일체이시라는 말은 세 개의 대상인 성부 · 성자 · 성령 삼위가 서로 사랑을 나누어 일치를 이루고 있다는 말입니다.

예수 그리스도를 통하여 드러나신 하느님

삼위일체의 하느님은 바로 우리와 같은 인간의 모습으로 오신 하느님의 아들 예수 그리스도를 통하여 구체적으로 드러나셨습니다. 예수 그리스도를 통하여 삼위일체의 하느님이 드러났다는 말은 예수 그리스도를 통하여 하느님의 사랑이 드러났다는 말입니다. 하느님 자신의 존재 양식이 바로 사랑이니. 하느님은 무엇보다도 사랑을 통해서 가장 분명하게 드러나신다고 하겠습니다!

하느님께서는 우리 인간을 구원하시고자 당신의 아들 예수 그리스도를 보내 주셨습니다. 예수 그리스도를 통하여 하느님께서는 당신의 사랑을 극적으로 드러내시고, 우리 인간이 그 사랑을 깨닫고 그 사랑에 응답하기를 바라신 것입니다.

예수 그리스도께서 원하신 사랑

“이것이 나의 계명이다. 내가 너희를 사랑한 것처럼 너희도 서로 사랑하여라. …… 내가 너희에게 명령하는 것은 이것이다. 서로 사랑하여라.”(요한 15,12.17). 주 예수님께서는 당신 제자들의 발을 씻겨주신 뒤, 즉 잡혀가시기 전 마지막 유언으로 ‘내가 너희를 사랑한 것처럼 서로 사랑하라’는 계명을 남겨 주셨습니다. 이 유언은 그저 듣기만 하고 머리로만 기억할 말씀이 아니라 마음에 새기고 실천에 옮겨야 할 말씀입니다. 그리고 이 유언은 오늘을 사는 우리에게 남겨 주신 말씀이고, 행동을 촉구하는 살아 있는 말씀입니다.

주 예수님께서는 우리를 위해서 자신을 십자가 위에서 희생하셨습니다. 하느님의 지위를 버리시고 자신을 낮추어 죄인으로 돌아가시기까지 하셨습니다. 우리를 위해서 모든 것을 바치신 것입니다. “사랑은 자기희생일 때를 빼고는 사랑이라고 부를 가치가 없다.”는 로맹 롤랑Romain Rolland 1866-1944의 말처럼 자기를 희생하지 않는 사랑은 참 사랑이 아님을,

그러한 사랑은 자기 욕망이나 만족을 구하는 애욕愛慾에 불과함을 온 몸으로 역설하셨습니다.

형제자매들과의 일치 그리고 교회

사랑의 하느님께서 넘쳐나는 사랑으로 우리를 창조하시고, 당신의 생명을 우리에게 나누어 주셨으니, 우리도 삼위일체의 하느님을 본받아 친교, 일치의 삶을 살아야 하겠습니다. 그리고 다른 형제자매들과의 이러한 일치와 대화는 하느님과 일치를 이루는 데 기초가 될 것입니다.

하느님과 인간 사이, 그리고 인간 상호 간에 이루어지는 친교, 곧 사랑의 통교가 가장 잘 이루어지는 곳은 어디일까요? 바로 교회입니다. 바로 우리 교회를 통해서 하느님과 우리, 그리고 형제자매들과의 사랑의 통교가 구체적으로, 뚜렷이, 효과적으로 이루어집니다. 그러므로 우리는 교회의 형제자매들에게 열린 마음으로 신앙 생활에 임하면서, 교회와 더불어 인류, 세상과 친교를 나누는 사랑의 삶을 살아가야 하겠습니다.

또한 우리는 이러한 사랑의 통교가 우리 교회 안에서만 이루어지지 않음도 알아야 합니다. 『하느님과 인간의 만남인 그리스도』의 저자 에트바르트 스킬러벡스Edward Schillebeeckx

는 이렇게 말했습니다. "하느님을 만나기 위해 기도하러 간다는 것은 세상을 등지고 교회로 간다는 것이 아니다. 우리들은 하느님을 오직 세상 안에서, 무엇보다도 그 세상 안에서 동료 인간들 안에서 발견하는 것이다." 우리가 하느님을 만나는 것은 교회를 넘어서 세상 안에서이고, 무엇보다도 함께 사는 사람들을 통하여서라는 말이지요.

심판의 기준인 사랑

"사람의 아들이 영광에 싸여 모든 천사와 함께 오면, 자기의 영광스러운 옥좌에 앉을 것이다. …… '너희가 내 형제들인 이 가장 작은 이들 가운데 한 사람에게 해 준 것이 바로 나에게 해 준 것이다.' …… '너희가 이 가장 작은 이들 가운데 한 사람에게 해 주지 않은 것이 바로 나에게 해 주지 않은 것이다.' 이렇게 하여 그들은 영원한 벌을 받는 곳으로 가고, 의인들은 영원한 생명을 누리는 곳으로 갈 것이다."(마태 25,31.40.45.46). 예수 그리스도께서 말씀하신 대로, 우리를 심판하게 될 기준과 잣대는 '내가 얼마나 사랑을 실천했는가?' 일 것입니다. 이러한 뜻에서 어느 목사님이 하셨다는 심판의 날에 대한 설교 말씀을 새겨듣고자 합니다.

"그 순간 인간 존재가 당면하는 가장 큰 질문은 '얼마나 열심히 믿었는가'가 아니라 '얼마나 사랑했는가'입니다. 종교의 궁극적 질문은 종교에 관한 것이 아니라 사랑에 관한 것입니다. 내가 무엇을 했느냐, 무엇을 믿었느냐, 무엇을 성취했느냐가 아니라 살아가면서 얼마나 사랑에 인색했느냐는 것입니다. 저지른 죄에 대해서는 추궁당하지 않습니다. 심판의 자리에서 헤아리는 것은 우리가 행한 잘못이 아니라 행하지 않은 선善입니다. 어찌 그러지 않을 수 있을까요. 사랑을 내 안에만 가두어 두는 것은 그리스도의 영혼을 부정한 것이고, 우리가 진정 그를 알지 못했고, 그가 우리에게 베푼 사랑이 무의미했다는 증거이기 때문입니다."(파울로 코엘료, 『흐르는 강물처럼』 188쪽)

사랑의 하느님을 사랑하는 사람, 그분과 함께 살아가고 있는 사람은 어떤 사람일까요? 무엇보다 그분의 말씀을 지키는 사람일 것입니다. '나는 주님을 얼마나 사랑하고 있습니까?' '나는 그분의 말씀을 얼마나 잘 지키고 있습니까?'

셋째 글

하느님 우야꼬예?

그리스도님은 말라꼬 살고 죽으신 건데예?

/1

그리스도 생애의 신비

성부의 계시

그리스도의 전 생애는 성부의 계시입니다. (앞에서도 설명드렸던 것처럼) '계시' 啓示 revelatio라는 신학 용어는 원래 '덮개를 제거하거나 휘장커텐을 열어젖힘'을 뜻하는 것으로 (감춰져 있던 것을 밖으로 드러냄을 의미하는) 그리스 말 '아포칼립시스' apokalupsis에서 나왔습니다. 이러한 어원을 볼 때 하느님의 계시는 한마디로 하느님의 '자기 드러내심'이지요. 그러므로 그리스도의 전 생애가 성부의 계시라는 말은 그리스도의 말씀과 행동, 그분의 침묵, 그분께서 겪으신 고통까지 그분 존재의 모든 표현 방식이 다 성부 하느님을 드러내는 계시가 된다는 말이겠습니다. 예수님께서는 "나를 본 사람은 곧 아버지를 뵌 것이다."(요한 14,9) 하고 말씀하셨지 않습니까?

성부께서는 "이는 내가 선택한 아들이니 너희는 그의 말을 들어라."(루카 9,35)고 말씀하심으로써, 당신 아들의 말씀이 바로 자신의 말과 같다는 것을 암시하셨습니다. 성자 예수 그리스도께서는 성부 하느님의 뜻을 이루시고자 사람이 되셨기 때문에, 그분 생애의 모든 모습들이 우리에 대한 아버지의 사랑을 드러내 주는 계시와 같은 것입니다.

속량의 신비

'속량'贖良이란 남의 근심과 재난을 대신하여 받는 것을 뜻합니다. 역사적으로는 노비가 돈이나 곡식을 내고 노비 신분에서 벗어나거나 국가 또는 주인에게 공을 세워 노비 신분에서 벗어나 양인良人이 되는 제도를 속량이라고 했습니다. 이러한 의미에서 예수 그리스도는 우리의 속량주가 되십니다. 즉 예수 그리스도 그분은 우리가 받을 죗값을 대신 치르시어, 우리를 죄의 노예 상태에서 벗어나 자유롭게 해 주신 주님이시라는 것입니다. 여기서 그리스도의 전 생애가 속량의 신비라는 말은 우리를 구원하시기 위해, 우리를 대신해서 우리의 죗값을 치르신 그 신비가 그리스도의 전 생애에 걸쳐 이루어지고 있다는 말입니다.

그렇다면 이러한 속량의 내용은 무엇일까요? 『가톨릭교회교리서』 517항에 따르면 다음과 같은 것들입니다.

- 그리스도께서 강생으로 스스로 가난해지셨고, 그분은 그 가난으로써 오히려 우리를 부유하게 하셨다는 것
- 그리스도께서 부모님께 순종하시며 드러나지 않게 사셨고, 당신의 순종으로써 우리의 불순종을 보상하셨다는 것
- 그분께서 수고하며 말씀을 전하심으로써 그 말씀을 듣는 사람들이 정화될 수 있었고, 그분께서 치유와 구마로써 우리의 병고를 떠맡고 우리의 질병을 짊어지신 것
- (끝으로 가장 결정적인 속량이라 할 점으로) 그분께서 우리를 위해 죄인으로서 수난하시고 돌아가시고 부활하심으로써 마침내 우리가 의롭게 되었다는 것

예수님의 할례

예수님의 '할례'割禮는 예수 아기가 태어난 지 여드레째 되는 날에 이루어졌습니다. 예수님께서 할례를 받으셨다는 것은 그분이 아브라함의 후손으로서 하느님과의 계약의 백성인 이스라엘의 일원이 되었다는 것을 나타냅니다. 예수님의 할례는 또한 예수님께서 율법을 준수하신다는 것을 드러내고, 예수님 전 생애 동안 이스라엘의 예배에 참여할 자격을 얻는 표시가 됩니다.

한편 바오로 사도는 그리스도인의 세례를 그리스도의 할례에 비유하여 "여러분은 또한 그분그리스도 안에서 육체를 벗어 버림으로써, 사람 손으로 이루어지지 않는 할례 곧 그리스도의 할례를 받았습니다."(콜로 2,11)라고 했는데, 『가톨릭교회교리서』 527항은 이에 따라 예수님의 할례를 세례의 예형例形이라고 하였습니다. 이는 세례가 '죄의 지배를 받는 몸인 육체를 벗어버리는 것' 이라는 점에서 살을 도려내는 할례에 비길 수 있다는 것이고, 그래서 그리스도께서 받으신 할례가 우리가 받는 세례를 미리 보여 주는 역할을 한다는 말입니다.

예수님의 공현

'주님主 공현公現' 은 주님께서 공적으로 드러나심을 말합니다. 곧 동방박사들이 예수님을 경배하였으니, 그러하신 예수님께서 이스라엘 백성이 아닌 이교 백성에게도 세상의 구세주로 드러나셨음을 뜻합니다. 주님 공현은 예수님께서 '이스라엘의 메시아' 이시고, '하느님의 아들' 이시며, '세상의 구원자' 이심을 드러내는 것이지요.

이방인 박사들이 다윗의 별이 비추는 메시아의 빛을 받아, 장차 만민의 왕이 되실 분을 이스라엘에서 찾았습니다.

동방박사들은 주변 나라의 이교들을 대표하는 사람들이라 할 수 있겠습니다. 이들은 강생을 통한 구원의 기쁜 소식을 처음으로 받아들인 민족들의 첫 사람들이었던 것입니다. 이미 구약 성경은 많은 이방인들이 구약 성조들의 가문에 들어감을 보여 주었고, 또 그들이 이스라엘의 특전을 누리게 됨을 알려 주었습니다. 이렇듯 주님 공현도 구원의 은혜가 이방인들에게까지 미치게 되었음을 잘 드러내고 있습니다.

동방박사들이 예수님을 찾아 경배했다는 주님 공현의 의미는 무엇일까요? 그것은 이방인들은 유다인을 향하고 그들로부터 구약에 담겨 있는 메시아에 대한 약속을 받아들여야 한다는 것이고, 또 그러할 때에만 이방인들이 예수님을 찾을 수 있고, 그분을 하느님의 아들과 온 세상의 구원자로 경배할 수 있다는 것입니다.

예수님의 성전에서 바쳐지심

아기 예수님께서 성전에서 바쳐지신다는 것은 그분께서 '주님께 속한 맏아들이심' 을 보여 줍니다. 이때 예언자 시메온과 한나가 아기 예수님을 만나는데, 그들은 이스라엘을 대표하는 사람들이라고 할 수 있습니다. 이는 곧 온 이스라엘 사람들이 다 함께 구세주를 맞으러 온 것과 같다는 말입니다. 그래서 예수님의 성전 봉헌을 동방 교회에서는 '주님맞이' 라고 부릅니다. 예수님을 성전에 봉헌한 그날이 바로 '인류가 주님을 맞게 되는 날' 이라는 것입니다.

시메온은 아기 예수님의 가족을 축복하고 나서 아기 어머니 마리아에게 말하기를, "보십시오, 이 아기는 이스라엘에서 많은 사람을 쓰러지게도 하고 일어나게도 하며, 또 반대를 받는 표징이 되도록 정해졌습니다. 그리하여 당신의 영혼이 칼에 꿰찔리는 가운데, 많은 사람의 마음속 생각이 드러날 것입니다."(루카 2,34-35) 하였습니다. 이는 예수님께서 그토록 고대하던 메시아로, 만민의 빛으로, 이스라엘의 영광으로 인정되셨지만, 또한 사람들로부터 반대받는 표적이 되시기도 했다는 것을 잘 드러내는 말씀입니다. 마리아에게 주어진 이 예언은 예수님께서 장차 지셔야 할 십자가의 봉헌을 예고하는 말이었던 것입니다.

이집트 피난과 죄 없는 아기들의 학살

예수님의 '이집트 피난' 과 '죄 없는 아기들의 학살' 은 빛에 대한 어둠의 저항을 나타냅니다. "그분께서 당신 땅에 오셨지만 그분의 백성은 그분을 맞아들이지 않았다."(요한

1,11). "사람들이 나를 박해하였으면 너희도 박해할 것이고, 내 말을 지켰으면 너희 말도 지킬 것이다."(요한 1,20). 요한 복음서의 말씀대로 그리스도께서 당신 전 생애를 통하여 많은 박해를 받으신 것처럼, 그분을 따르는 사람들도 그분과 함께 이 박해를 나누어 받게 되는 것입니다.

이와 더불어 이집트로 피난 갔던 예수님께서 헤로데가 죽고 난 뒤 이제 이집트를 떠나오신 일은, 이스라엘 백성의 이집트 종살이에서의 탈출을 상기시킵니다. 이로써 예수님께서는 죄에서 만민을 구원하실 결정적인 해방자로 제시되신다고 하겠습니다.

예수님의 신비 안에서 참 구세주를 알아보고 그분을 자신의 해방자로 고백하고 따르는 님들 되시기를 바랍니다!

예수님의 나자렛 생활

예수님의 나자렛 생활은 어떠했을까요? 예수님의 어릴 때 나자렛 생활은 잘 알려지지 않았지만, 아마도 당시 대부분의 사람들과 비슷한 조건에서 사셨을 것입니다. 즉 예수님께서는 나자렛이라는 작은 마을의 착한 아이로서 외적으로 크게 드러나지 않는 일상의 삶을 사셨을 것이고, 목수 아버지를 둔 아들로서 육체 노동도 하셨을 것입니다. 그리고 그분은 보통의 유다인으로서 종교적으로 하느님의 율법에 순명하며 사셨을 것이고, 이스라엘의 유다 지파라는 공동체 안에서 생활하셨을 것입니다.

성경에서 예수님의 나자렛 생활에 대해서 우리에게 알려진 것은 예수님께서 부모님께 순종하셨다는 것, 지혜와 키가 자랐으며 하느님과 사람들의 총애도 더하여 갔다는 정도입니다.

하느님의 아들이신 예수님께서 나자렛의 부모님께 순종하셨다는 사실은 어떤 의미가 있을까요? 먼저, 예수님께서는 부모에게 효도하라는 제4계명을 완전히 지키셨다는 것입니다. 예수님께서 행하신 부모께 대한 효도는 당신이 부모께 드린 순종을 통해 잘 나타납니다. 그러면서 부모께 드린 예수님의 이 순종은 천상 아버지께 아들로서 드리신 순종의 현세적 표현이기도 합니다. 즉 예수님이 요셉과 마리아에게 항상 순종하신 것은 올리브 산에서 "아버지, 아버지께서 원하시면 이 잔을 저에게서 거두어 주십시오. 그러나 제 뜻이 아니라 아버지의 뜻이 이루어지게 하십시오."(루카 22,42)라고 하신 그 순종을 미리부터 드러내고 이루신 일이라는 말입니다. 또한 예수님께서 나자렛의 일상 생활에서 순종을 드리신 것은 저 옛날에 아담과 하와가 불순종함으로써 파괴되었던 것을 복구하는 일이었습니다.

예수님이 아직 소년이었을때 그 부모들이 성전에서 아들 예수님을 다시 찾았다는 사실은 무슨 의미일까요? 소년 예수님의 나자렛 생활에 대해 전해 주는 유일한 이야기가 이것인데, 이는 예수님께서 하느님의 아들로서 자신이 지닌 사명에 전적으로 헌신한 분이시라는 것을 잘 보여 줍니다. 그분은 이렇게 말씀하신 것입니다. "저는 제 아버지의 집에 있어야 하는 줄을 모르셨습니까?"(루카 2,49) 복음은 마리아와 요셉이 이 말이 무슨 뜻인지 알아듣지 못했지만 신앙으로 받아들였고, 마리아는 이후 이 모든 일을 마음속에 간직하였다고 전하고 있습니다.

예수님의 세례

예수님의 공생활은 요르단 강에서 요한에게 세례를 받으심으로써 시작됩니다.(로사리오 기도 중 빛의 신비 1단의 내용). 요한은 죄의 용서를 위한 회개를 선포하였는데, 죄 없으신 예수님께서 요한을 찾아가셔서, 세례자 요한이 당신은 예수님의 신발 끈을 풀어 드릴 자격도 없다면서 망설

였음에도 불구하고, 굳이 세례를 받으신 것입니다. 이렇게 예수님께서 세례를 받으신 의미는 무엇일까요? 그것은 예수님께서 세례를 받으심으로써 '고난 받는 종'이라는 당신의 사명을 수락하시고, 그 사명을 수행하기 시작하셨다는 것이라 할 수 있습니다. 또한 예수님의 세례에는 예수님께서 세례를 통하여 죄인들 가운데 한 사람이 되셨고, 세상의 죄를 없애시는 하느님의 어린양으로 피 흘리는 죽음의 세례를 미리 받으셨다는 의미도 있습니다.

그리스도인 세례의 의미

우리도 예수님을 본받아 세례를 받음으로써 그리스도인이 되었습니다. 그렇다면 예수님의 세례에 비추어 우리가 받은 세례에는 어떤 뜻이 있을까요? 교회의 가르침에 의하면, 우리는 실제 예수님과 똑같이 될 수는 없지만 세례 성사를 통해서 예수님처럼 죽고 부활하게 되어 새로운 삶을 살아가게 됩니다. 다음은 『가톨릭교회교리서』 537항의 가르침입니다.

그리스도인은 세례를 통해서, 당신 세례 안에서 죽음과 부활

> 을 미리 겪으시는 예수님과 성사적으로 비슷하게 된다. 그는 겸손하게 자신을 낮추고 속죄하는 신비 안으로 들어가야 하며, 예수님과 함께 물에 잠겼다가 그분과 함께 다시 올라와야 한다. 그래야 물과 성령으로 다시 태어나, 성자 안에서 하느님의 사랑하는 자녀가 되고, "새로운 삶을 살아가게 된다." (로마 6,4)

그 밖에 우리가 받은 세례의 의미를 더 생각해 보면 어떤 것이 있을까요?

그리스도의 세례 때에 "이는 내가 사랑하는 아들이니, 너희는 그의 말을 들어라."(마르 9,7)는 음성이 하늘에서 들려왔지 않습니까? 이렇게 예수님께서 세례를 받으실 때, 성부 하느님께서 예수님을 당신의 사랑하는 아들로 밝히신 것과 같이, 우리도 세례 때 성부 하느님께 당신의 아들과 딸로 입양되어 하느님의 자녀가 된 것입니다. 또한 이때 성령께서 비둘기 모양으로 오셨듯이, 우리의 세례 때에도 성령께서 우리에게 내려오신 것입니다.

예수님의 거룩한 변모

예수님께서 타보르 산에서 거룩히 변모하셨다는 사실이

갖는 의미는 무엇일까요?

예수님께서는 당신의 제자들에게, 당신이 반드시 예루살렘에 가시어 많은 고난을 받고 죽임을 당하셨다가 사흗날에 되살아나셔야 한다는 것을 밝히기 시작하셨습니다. 그런데도 베드로를 비롯한 다른 제자들은 이를 이해하지 못하였다고 성경은 전하고 있습니다. 이러한 상황에서 예수님께서는 당신의 거룩한 변모를 통해 제자들이 하느님의 나라를 미리 맛보고 힘을 내게 하셨습니다. 즉 예수님께서 얼굴과 옷이 눈부시게 빛나는 모습으로 당신의 거룩히 변모하심을 보여 준 것은, 당신의 제자들이 가능한 한 당신의 영광을 미리부터 바라보고, 장차 그들이 당신께서 십자가에 달리신 것을 보게 될 때, 그 수난이 당신 스스로 원하신 것임을 깨닫고 절망하지 않도록 배려하신 것입니다.

예수님의 예루살렘 입성

예수님께서 예루살렘에 입성하신 일에는 무슨 의미가 있을까요? 예수님께서는 수난의 길을 걸으시기 전에 예루살렘으로 들어가셨습니다. 이는 메시아, 즉 구세주이신 예수님께서 당신의 죽음과 부활이라는 파스카를 통해 완성하시려는 하느님 나라가 이제 세상에 가까이 다가왔음을 나타내는 것입니다.

예수님께서 예루살렘에 들어가실 때, 사람들은 예수님이 구원을 가져오실 다윗의 자손, 곧 구세주이시라고 환호하였습니다. 이때 군중들이 외친 말은 "호산나, 다윗의 후손!"이라고 합니다. 여기서 '호산나'라는 말은 "구원을 주소서!" "구원하소서!"라는 뜻입니다.

예수님께서는 예루살렘에 입성하시면서 어린 나귀를 타고 가셨습니다. 이는 예수님께서 어떤 계략이나 폭력이 아니라 진리를 증언하는 겸손하신 구세주로서 당신의 나라를 다스린다는 것을 뜻합니다.

그리스도께서 베푸시는 구원의 신비를 묵상하는 데에는 로사리오 기도가 좋습니다. 묵주 기도를 바치면서 그리스도, 곧 구세주이신 예수님의 지상 생애의 신비를 조금씩 깨우쳐가는 님들 되시기를 바랍니다. 그를 통해 우리 구원을 위한 하느님의 은혜로운 업적에 감사드리고 사랑으로 응답하는 시간을 많이 가지는 님들 되십시오!

/2

수난과 죽임을 당하신 예수님

하느님의 구원 계획으로 이루어진 그리스도의 죽음

예수님께서 죽임을 당하신 사건은 시간 속에서 우연히 생겨난 일이 아니었습니다. 베드로 사도는 성령 강림 날 예루살렘의 유다인들에게 설명하기를, 하느님께서 미리 정하신 계획과 예지에 따라 그들에게 예수님을 넘겨주셨다고 하였습니다.(사도 2,23 참조). 이처럼 예수님의 죽음은 어디까지나 하느님의 구원 계획에 따라 이루어진 일이었습니다. 바오로 사도는 "하느님께서는 죄를 모르시는 그리스도를 우리를 위하여 '죄' 로 만드시어, 우리가 그리스도 안에서 하느님의 '의로움' 이 되게 하셨습니다."(2코린 5,21)라고 하면서, 그리스도께서 우리 죄 때문에 당신 자신을 성부 하느님께 바치셨음을 고백하고 있습니다.

수난과 죽음에 대한 예수님의 자의식

성경을 보면, 예수님께서 당신이 그리스도로서 겪으실 고난에 대하여 분명한 자의식을 가지고 말씀하고 계시다는 것을 잘 알 수 있습니다. 예수님께서 이렇게 자신이 장차 겪게 될 수난에 대해 말씀하신 시점은 당신의 파스카 전, 즉 당신이 십자가를 지고 돌아가셨다가 부활하시기 전이었습니다. "그리스도는 그러한 고난을 겪고서 자기의 영광 속에 들어가야 하는 것이 아니냐?"(루카 24,26)

복음은 그리스도께서 "원로들과 수석 사제들과 율법 학자들에게 배척을 받으셨음"(마르 8,31)을, 그리고 그들은 예수님을 "다른 민족 사람들에게 넘겨 조롱하고 채찍질하고 나서 십자가에 못 박게 할 것임"(마태 20,19)을 증언하고 있습니다.

예수님 스스로 원하신 수난과 죽음

"예수님께서 스스로 원하셨기에 수난을 당하시고 죽임을 당하셨다!" 이는 매우 중요한 관점입니다. 예수님께서 죽임을 당하신 일은 어쩔 수 없이 당하신 것이 아니었고, 혹은 불행한 상황들 때문에 생겨난 우연한 결과도 아니었던 것입니다. 미사경문에서의 "스스로 원하신 수난이 다가오자"라는 대목은 예수님 죽음의 자발성을 분명히 드러내고 있습니다.

예수님께서는 잡히시던 날 밤 열두 제자들과 식사를 하시던 중에, 자신을 자유로이 하느님께 바치신다는 사실을 아주 분명하게 표현하셨습니다. 예수님께서는 제자들과 가진 마지막 만찬을 인류의 구원을 위하여 자신을 성부께 드리는 자발적인 봉헌의 기념으로 삼으신 것입니다. 그분께서는 빵과 포도주를 손에 드시고 이렇게 말씀하셨습니다. "이는 너희를 위하여 내어 줄 내 몸이다." "너희는 모두 이것을 받아 마셔라. 이는 새롭고 영원한 계약을 맺는 내 피의 잔이니 죄를 사하여 주려고 너희와 많은 이를 위하여 흘릴 피다."

예루살렘 종교 지도자들을 비롯한 유다인들의 반대

예수님께서는 군중의 환영도 받으셨지만, 특히 예루살렘의 종교 지도자들에게서 반대를 받으셨습니다. 우선 예수님께서는 율법을 어기셨다는 이유로 그들로부터 반대를 받으셨습니다. 그런데 예수님께서는 당신의 제자들과 군중들에게 말씀하시기를, "내가 율법이나 예언서들을 폐지하러 온 줄로 생각하지 마라. 폐지하러 온 것이 아니라 오히려 완성하러 왔다."(마태 5,17)고 하셨습니다. 그리고 스스로 율법을 지키고 또 그렇게 가르치는 이는 하늘 나라에서 큰 사람이라 불릴 것이라고 말씀하셨습니다.(마태 5,19). 이러한 예수님이시니, 그분이 딱히 율법을 어기셨다고 할 것이 없는데도, 종교 지도자들에게는 그런 예수님의 자유스런 행동과 말씀이 거슬렸던 것이고, 그래서 그들은 어떻게 하든 트집을 잡아 예수님을 모함했습니다. 그들의 눈에 거슬린 예수님의 행동은 그분이 세리와 죄인들과 함께 먹고 마셨다는 것, 그러느라고 단식과 기도를 소홀히 했다는 것, 안식일에 밀 이삭을 뜯어 손으로 비벼 먹었다는 것, 안식일에 병자들을 고쳐 주었다는 것 정도였습니다. 그러나 예수님께서는 이웃의 병을 고치는 일이나 하느님께 예배하는 일 등을 위해서는 안식일 규정을 어겨도 괜찮다는 것을 분명히 말씀하셨습니다. 하느님께 예배하는 일이라는 것은, "안식일에 사제들이 성전에서 안식일을 어겨도 죄가 되지 않는다는 것을 율법에서 읽어 본 적이 없느냐?"(마태 12,5)라는 말씀에서 알 수 있습니다. 즉 안식일 규정을 준수하는 것보다 하느님에 대한 봉사가 우선이라는 말씀입니다.

예수님께서는 안식일에 병자를 고쳐 주시고 난 후에도, 당신이 하느님 행세를 한다는 비난을 유다인들로부터 받으신 적이 있습니다. 왜냐하면 예수님께서 다음과 같은 엄청난 말씀을 하셨기 때문입니다. "내 아버지께서 여태 일하고 계시니 나도 일하는 것이다."(요한 5,17). 유다인들의 눈에 어디까지나 사람으로 보이는 예수님, 그런 예수님이 유다인들 앞에서 감히 스스로를 하느님의 아들이라고 했으니, 그 유다인들로부터 미움을 받지 않을 수가 없었던 것입니다.

예수님께서는 무엇보다도 유다인들과 성전에 대한 갈등을 빚으면서 이러한 비난을 받게 되었습니다. 먼저 성전 정화 사건의 경우가 그랬습니다. 예수님께는 성전이 당신 아버지 하느님의 거처이고 기도하는 집인데, 사람들이 성전 앞뜰을 장사하는 곳으로 만든 것에 대해서 분개하셨습니다. “내 아버지의 집을 장사하는 집으로 만들지 마라.”(요한 2,16). 그때에 유다인들이 예수님께 “당신이 이런 일을 해도 된다는 무슨 표징을 보여 줄 수 있소?”(요한 2,18) 하고 말하자, 예수님께서 이렇게 대답하셨습니다. “이 성전을 허물어라. 그러면 내가 사흘 안에 다시 세우겠다.”(요한 2,19). 이에 유다인들은 이렇게 생각하였을 것입니다. “헤로데 임금이 46년이나 걸려서 지은 성전을 자기가 사흘 안에 다시 세우겠다니, 말이 되는가? 자신이 하느님이란 말인가!”

다음으로 예수님께서는 성전 파괴에 대한 예언으로 사람들의 미움을 받으셨습니다. 예수님께서는 당신의 수난 직전에 그 찬란한 건물의 돌들이 어느 하나도 제 자리에 남아 있지 않을 정도로 파괴될 것이라고 예고하셨던 것입니다. 마침내 예수님께서 십자가에 못 박혀 계실 때였습니다. 지나가던 자들이 머리를 흔들어 대며 예수님을 모독하였는데, 이렇게 말했다고 복음은 전하고 있습니다. "성전을 허물고 사흘 안에 다시 짓겠다는 자야, 너 자신이나 구해 보아라. 네가 하느님의 아들이라면 십자가에서 내려와 보아라."(마태 27,40). "하느님의 아들도 아니면서 네가 뭔데 그런 엄청난 말을 할 수 있다는 말이냐?"라고 생각한 것이지요.

이스라엘 종교 지도자들은 율법과 예루살렘 성전 때문에 예수님을 반대하였지만, 그들에게 진정으로 걸림돌이었던 것은 죄인들을 용서해 주시는 예수님의 행동이었습니다. 이러한 일은 하느님만이 하실 수 있는 일이었기 때문입니다. 사람들의 생각은 이러했습니다. "하느님 한 분 외에 누가 죄를 용서할 수 있단 말인가?"(마르 2,7)

예수님을 박해한 사람들의 역할

『가톨릭교회교리서』에 의하면, 예수님의 죽음은 하느님의 섭리에 의한 것이면서도 사람들이 저지른 죄악이 그 원인이 된 사건이었습니다. "예수님의 죽음은 어디까지나 하느님의 구원 계획의 신비에 속하는 일이었다. 그러나 예수님을 넘겨준 사람들이 하느님께서 미리 써 놓으신 각본을 수동적으로 실행에 옮긴 것은 아니다."(599항). 그러면서 교리서는, 하느님께는 시간의 모든 순간이 실제적으로 현재이기 때문에, 하느님의 이러한 계획에는 당신의 은총에 대한 각 사람의 자유로운 응답도 포함된다고 설명하고 있습니다.(600항 참조).

우리는 이러한 하느님의 계획에 각 사람의 자유로운 응답이 포함된다는 교리서의 말씀에 주의를 기울여야 합니다. 하느님의 은총에 대한 나의 응답이 하느님의 구원 계획 안에서 나름의 역할을 하게 된다는 것입니다!

이러한 하느님의 계획에는 헤로데와 본시오 빌라도 등의 행동도 포함되는 것입니다. 이에 대해 교리서는 하느님께서 헤로데와 빌라도의 무지한 행동을 허락하시며 그들을 당신 구원 계획의 도구로 쓰셨다는 입장을 취하고 있습니다. "하느님께서는 당신의 구원 계획을 이루시기 위하여 그들의 무지에서 나온 행동을 허락하셨다."(600항)

예수님을 반대하지 않은 사람들

예수님께서 많은 사람들로부터 미움을 받으셨다고 해서 이스라엘 종교 지도자들 모두가 예수님을 반대한 것은 아니었습니다. 바리사이였던 '니코데모'나 고관이었던 '아리마태아사람 요셉' 등은 예수님의 숨은 제자들과 같은 사람들입니다. 요한 복음서는 이렇게 말합니다. "사실 지도자들 가운데에서도 많은 사람이 예수님을 믿었지만, 바리사이들 때문에 회당에서 내쫓길까 두려워 그것을 고백하지 못하였다. 그들이 하느님에게서 받는 영광보다 사람에게서 받는 영광을 더 사랑하였기 때문이다."(12,42-43)

예수님의 수난과 십자가상의 죽음에 대한 책임

하느님의 아들이신 예수님께서 우리 인간의 구원을 위하여 이 세상에 오시고 수난하시고 돌아가셨습니다. 그렇다면 예수님의 죽음에 대한 책임은 누구에게 있다고 할 것입니까? 유다인에게 있다고 할까요? 예수님의 죽음에 대한 집단적 책임을 유다인들에게 지울 수는 없는 일입니다. 『가톨릭교회교리서』에 의하면, 예수님의 재판에 대한 책임을 예루살렘의 유다인 전체에게 지울 수도 없는 것이고, 그렇다고 다른 시간과 공간에 속한 다른 유다인들에게까지 그

책임을 확대할 수도 없는 것입니다.(597항 참조)

교회는 우리 인간의 죄가 그리스도께 미친다는 점을 생각하여, 예수님의 처형에 대한 가장 중대한 책임을 그리스도인들에게 돌리고 있습니다.(『가톨릭교회교리서』 598항 참조). 우리 주 예수 그리스도께서 십자가의 형벌을 받으신 것은 우리의 죄 때문이라는 말입니다. 곧 죄인인 인간 모두가 예수님의 죽음에 대하여 책임이 있다는 것입니다. "교회는 그 신앙에 대한 교도권과 성인들의 증언에서, '죄인들 자신이 하느님이신 구세주께서 겪으신 모든 고난의 장본인이었고 그 도구였다.' 는 사실을 결코 잊은 적이 없습니다." (『가톨릭교회교리서』 598항)

제2차 바티칸 공의회1962-1965 이전의 교회는 유다인들에게 예수님 죽음의 책임을 돌리는 일이 흔했습니다. 그런데 공의회 이후 우리 교회는 180도로 바뀐 입장을 취하게 됩니다. 그리하여 오늘날은 예수님의 처형에 대한 가장 중대한 책임은 유다인들이 아니라 그리스도인들에게 있다고 고백하게 된 것입니다.

이러한 입장에서 『가톨릭교회교리서』는 다음과 같이 '타락하고 악에 빠지는 사람의 죄' 가 유다인들의 죄보다 더 크다는 견해를 피력하고 있습니다.

우리 주 예수 그리스도께서 십자가의 형벌을 받으신 것은 우리의 죄인 만큼, 타락과 악에 빠지는 사람들은 틀림없이 마음 안에서, 그들 안에 계신 하느님의 아들을 거듭 십자가에 못 박고 욕을 보이는 것이다. 그리고 이 경우에 우리의 죄가 유다인들의 죄보다 더 크다는 것을 알 수 있다.(598항)

무슨 말씀입니까? 이는 우리 죄 때문에 예수님께서 십자가에 처형당하셨다는 것, 그리고 지금도 우리가 죄를 지으면 예수님을 또 다시 십자가에 못 박히시게 할 수 있다는 것이지요. 죄에 쉽게 기울어지는 성향을 가지고 있는 나我라고 한다면, 아시시의 성 프란치스코St. Francisclus 1181-1226의 다음 말씀에 주의를 기울여야 하겠습니다. "예수님을 십자가에 못 박은 것은 마귀들이 아니라 바로 당신이 악습과 죄를 즐김으로써 마귀들과 함께 주님을 못 박았으며, 지금도 못 박고 있는 것입니다."(권고 5,3)

만일 우리가 계속해서 죄에 떨어진다면, 예수님을 처형하는 잘못을 다시 범하게 되는 것과 같음을 생각해야 합니다!

그리스도 강생의 이유

『가톨릭교회교리서』는 예수님께서 이 세상에 오신 (강생의) 이유가 죄인들의 구속[속량]에 있다고 하면서 이렇게 말합니다. "예수님 생애 전체는 성부의 구원하시는 사랑의 계획을 받아들이고자 하는 원의로 가득 차 있다."(607항). 예수님께서 오직 인간을 사랑하시어 구원하고자 하신 하느님의 뜻을 이루고자 하는 마음으로 사셨다는 것이지요. 그래서 예수님께서는 이렇게 말씀하신 것입니다. "'아버지, 이때를 벗어나게 해 주십시오.' 하고 말할까요? 그러나 저는 바로 이때를 위하여 온 것입니다."(요한 12,27). "아버지께서 나에게 주신 이 잔을 내가 마셔야 하지 않겠느냐?"(요한 18,11). 이렇게 복음을 통하여 드러나는 예수님은 결국 우리를 구원하시고자 '수난하고 죽으시기 위해' 강생하신 분이십니다.

/3
그리스도의 수난을 묵상하며

우리를 위해 또 나를 위하여

예수 그리스도께서는 우리를, 또 나를 사랑하셔서 자원하여 수난을 당하셨습니다. "스스로 원하신 수난이 다가오자"라는 성찬례 제정의 말씀대로 그분은 어쩔 수 없는 사건을 당하여, 혹은 뜻밖의 불행을 겪어 수난 당하시고 돌아가신 것이 아닙니다. 그분은 하느님께서 뜻을 세우시고, 계획하시고, 미리 알고 계셨던 그대로 죽임을 당하신 것이지요. 예수 그리스도께서는 당신 자신을 위해 살려고 이 세상에 오신 것이 아니었습니다. 그분은 섬김을 받기 위해서가 아니라 섬기기 위해, 그리고 많은 사람들을 위하여 목숨을 바쳐 몸값을 치르기 위해 사람이 되신 것입니다. 그분께서는 당신 삶의 유일하고 위대한 목표인 인류의 구원을 위하여 조금도 남김 없이 당신의 삶 전체를 송두리째 바치셨습니다.

9세기에 열렸던 공의회는 "그리스도의 수난에 힘입지 않은 사람은 전에도 없고, 앞으로도 없을 것이다."853 퀴에르시 공의회라고 선언하였습니다. 사람이면 누구나 그리스도의 수난의 힘을 입을 수밖에 없다는 것이지요. 또한 이 말씀은 그리스도께서 나 자신을 위해서도 돌아가신 것임을 분명하게 밝히고 있습니다.

> 이 끝없는 사랑 때문에 그리스도의 희생 제사는 속량적, 배상적, 속죄적 그리고 보상적인 가치를 지닌다. 그리스도께서는 당신 생명을 제물로 바치실 때 우리 모두를 인식하고 사랑하셨다.(『가톨릭교회교리서』 616항)

교리서가 밝히고 있는 것처럼 예수님의 수난과 죽음은 바로 나를 위한 것입니다. 곧 나에 대한 사랑 때문에 예수님께서는 그렇게 엄청난 고통을 겪으신 것입니다! 그러므로 그리스도의 수난과 죽음은 모든 사람을 위한 구원의 제사가 됩니다. 교회가 드리는 매일의 미사는 세상 만민을 위한 그리스도의 희생제사를 기념하고 재현하는 것이고, 또 새롭게 현재화하는 것입니다. 오늘날에도 교회 안에서 미사가 계속 봉헌되는 것은, 예수님께서 당신 자신의 봉헌에 사도들도 포함시키시고, 그들에게 이를 계속할 것을 명하셨기 때문입니다.

주님께서 나를 위해서도 수난하시고 운명하셨다는 것, 그리스도인이라면 결코 잊지 말아야 할 사실입니다. 우리를 위한 예수님의 수난에 감사드리며, 그분의 구원하시는 사랑에 기쁘게 응답하는 삶을 살아갑시다!

우리의 죄를 용서하기 위하여

예수 그리스도께서는 우리의 죄 때문에 돌아가셨고, 그러면서도 우리의 무지를 위해 기도하셨으며, 그런 우리를 용서하셨습니다. 우리의 죄 때문에 죄 없으신 그분이 죽임을 당하셨습니다. 이는 더 설명할 필요가 없는 사실이지요. "아버지, 저들을 용서해 주십시오. 저들은 자기들이 무슨 일을 하는지 모릅니다."(루카 23,34) 하신 그분은 지금도 우리의 죄와 무지함에 아파하시며, 우리의 회개를 기다리고 계십니다. 그분의 사랑과 용서의 은혜에 감사하며, 우리 자신의 죄에 대하여 진심으로 아파하고 회개하고 보속하기를 힘써야겠습니다.

예수님께서는 우리와 같은 인간으로서 당신께 닥친 수난과 죽음을 피하고 싶으셨습니다. 예수님께서 성부 하느님께 바친 기도에 이러한 당신의 마음을 잘 드러내고 있지요.

"아버지, 하실 수만 있으시면 이 잔이 저를 비켜 가게 해 주십시오. 그러나 제가 원하는 대로 하지 마시고 아버지께서 원하시는 대로 하십시오."(마태 26,39). 그 수난의 잔이 얼마나 고통스러웠던지 피땀을 쏟으시며 기도하신 예수님께서는 자신이 받아들이기로 결정한 그 수난을 '내가 받아야 할 세례'라고 표현하셨습니다.

예수님께서 자원하여 수난하시고 돌아가셨다는 사실은 우리를 향한 그분의 크신 사랑을 증거하고 있습니다. 그분의 크신 사랑에 감사의 응답을 드립시다!

나를 위한 예수 그리스도 수난의 요청

예수 그리스도께서 나를 위해 수난하셨다는 말은 그분의 수난에 내가 관계한다는 말이기도 합니다. 내가 관계한다는 것은 나에게도 그분의 수난에 나름의 책임이 있다는 것이지요. 왜일까요? 죄 때문입니다. 사람이면 누구나 죄를 지을 수밖에 없고, 넓게는 내가 사람이기 때문에 그렇습니다. 나는 어디까지나 죄인으로서 그리스도의 수난에 (나름대로) 관계하고 있습니다. 그렇다면 그리스도의 수난은 나에 대한 일종의 요청이 아닐까요? 그분의 수난은 나로 하여금 당신 수난에 감사하고, 그렇게 수난하신 당신의 뜻에 따라 살아갈 것을 요청한다는 것입니다. 즉 그리스도의 수난이 나를 행동하도록 만든다는 것이지요. 그러므로 그리스도의 수난에 동참하는 사람은 그분의 말씀과 뜻에 따라 행동하는 사람이라 하겠습니다.

그리스도의 수난은 나와 무관한 것이 아닌 바로 나를 위한 것이며, 나를 결단하고 행동하게 합니다. 그렇다면 나를 위해 수난하신 주님께 감사 드리고, 그분의 뜻대로 살아가도록 노력하는 것이 우리 님들의 소명 아닐까요?

나를 위해 수난하신 예수 그리스도께 대한 믿음

주 예수 그리스도께 대한 나의 믿음은 무엇보다 그분의 부활하심에 근거하는 것이지만, 또한 그에 앞서 나를 위해 수난하시고 죽음을 겪으신 분께 근거한 믿음이기도 합니다. 즉 나의 구원자는 십자가의 주님이시라는 믿음이지요.

십자가 위에 매달리셨던 구원의 주님께 대한 믿음의 이해에는 (앞에서도 말씀드렸던) 구약 성경의 '구리 뱀 이야기'

가 도움이 될 것입니다. 모세가 뱀에게 물린 백성들에게 왜 하필 구리 뱀을 쳐다보라고 했을까, 한번 의문을 가져보자는 것입니다. 물론 뱀이라는 존재가 당시 사람들에게 영생의 존재를 상징하기도 했지만, 뱀이라면 다시 쳐다보는 것부터 끔찍할 사람들에게 구리 뱀을 쳐다보는 행위는 그것을 쳐다보면 살 것이라는 하느님의 말씀에 대한 믿음을 극명하게 드러내는 일 아닐까요? 이처럼 예수님께서 지신 십자가는 죄인이 받아야 할 극형의 상징이었지만, 그 십자가는 죽음을 이기고 부활하신 주 예수님께서 매달리셨던 구원의 십자가인 것입니다.

십자가의 주님께서 나의 구원자이시라는 믿음을 잘 드러내는 기도가 있습니다. 삼위일체 하느님께 대한 믿음, 그와 함께 생명을 주는 십자가의 주님께 대한 믿음을 잘 드러내는 '성호경' 이지요. 경건하게 십자가를 그으며 기도할 때마다 나를 위해 수난하신 예수 그리스도를 생각하며, 그분께 대한 나의 믿음을 고백합시다!

고통과 시련을 겪는 우리와 함께하시는 주님

"고통 없이 영광 없고, 죽음 없이 부활 없다."는 것은 불변의 진리입니다. 그러면서 이는 우리에게 그야말로 불편한 진실이기도 합니다. 살아가는 동안 어려움이 없는 사람은 없습니다. 고통과 시련 없이 살아가기는 정말 힘이 드는, 어떤 면에서는 거의 불가능한 것이 우리 인생살이기 때문입니다. 제 아무리 소위 금수저로 태어나더라도 자신에게 닥친 고통과 시련을 이겨 내지 못하고서는 결코 존경받는 위치에 오를 수 없는 일이지요. 그렇다면 보통 사람은 어떠할까요? 대개는 많은 어려움을 마주할 것이고, 때로는 너무나 억울해서 도저히 받아들일 수 없는, 어쩌면 죽는 것이 더 나을 만큼의 고통과 시련에 직면할 수도 있겠습니다. 이러할 때 우리는 나를 위해 겪으신 그리스도의 수난을 생각하며 용기를 가져야 합니다. 나를 사랑하시기에 나의 구원을 위하여, 인간 삶의 조건을 받아들이시고 엄청난 고통을 맛보신 그분은 분명히 말씀하셨습니다. "누구든지 내 뒤를 따르려면 자신을 버리고 제 십자가를 지고 나를 따라야 한다."(마르 8,34). 예수님의 이 말씀에 루카 복음사가는 '날마다'를 덧붙여 전하고 있습니다. "누구든지 내 뒤를 따라오려면, 자신을 버리고 날마다 제 십자가를 지고 나를 따라야 한다."(루카 9,23). 내 자신을 버리고 나의 십자가를 지는 일은 하루도 쉬지 않고 계속되어야 할 일생의 과업과 같다는 말씀이지요. 일찍이 시편을 번역하신 故 최민순1912-1975 신부님은 이러한 글을 남기셨습니다.

주여,
오늘 나의 길에서 험한 산이 옮겨지기를 기도하지 않습니다.
다만 저에게 고갯길을 올라가도록 힘을 주소서.
내가 가는 길에 부딪치는 돌이 저절로 굴러가기를 원하지 않습니다.
그 넘어지게 하는 돌을 오히려 발판으로 만들어 가게 하소서.
넓은 길, 편편한 길 그런 길을 바라지 않습니다.
다만 좁고 험한 길이라도
주님과 함께 가도록 더욱 깊은 믿음을 주소서.

내 앞에 놓인 험한 산, 나를 가로막는 고갯길, 내가 걷는 길에서 부딪치게 되는 돌들을 하느님께서 치워 주시고 옮겨 주시도록 기도하지 않고, 그것을 넘어설 힘을 주십사 기도하신 신부님의 마음이 잘 느껴지지 않습니까? 내가 걷는 십자가의 길이 너무나 힘들어 주님께서 나를 외면한 듯 느껴지는 그 순간에도, 나와 함께하시는 주님께 대한 믿음을 잃지 말아야 하겠습니다. 주님의 말씀에 따라 나에게 주어진 십자가를 매일 지고 이 세상을 살아가야만 하느님 나라에 들 수 있는 우리는, 사는 동안 어디까지나 시련과 고통을 발판으로 영광의 날을 향해 나아간다는 것을 잊지 말아야 하겠습니다. 돌아가셨지만 부활하신 주님께서 우리의 보증이 되어 주시니 말입니다!

고통을 기쁘게 받아들이고 사랑으로 참아냄

너희는 좁은 문으로 들어가라. 멸망으로 이끄는 문은 넓고 길도 널찍하여 그리로 들어가는 자들이 많다. 생명으로 이끄는 문은 얼마나 좁고 또 그 길은 얼마나 비좁은지, 그리로 찾아드는 이들이 적다.(마태 7,13.14)

너희는 좁은 문으로 들어가도록 힘써라. 내가 너희에게 말한

다. 많은 사람이 그곳으로 들어가려고 하겠지만 들어가지 못할 것이다.(루카 13,24)

예수님의 이 말씀을 어떻게 받아들이십니까? 예수님께서는 이왕이면 넓은 문으로 들어가 넓고 편한 길을 걷고자 하는 우리에게, 그 문은 멸망으로 이끄는 문이니 오히려 생명으로 이끄는 좁은 문으로 들어가 좁고 불편한 길을 걸어가야 한다고 말씀하셨습니다. 당연한 말씀처럼 들리지만 그대로 따르기에 쉽지 않은 말씀이지요. 우리 본성을 역행하는 말씀이기 때문에 그럴 것입니다. 어떻게 하면 예수님의 말씀대로 구원의 길을 잘 걸어갈 수 있을까요? 고통과 시련과 불행 등 온갖 어려움이 나에게 닥쳤을 때에도 가던 길을 멈추거나 돌이키지 않고, 한결같이 자신의 길에 충실해야 할 터인데 말입니다.

한비야의 책 『그건 사랑이었네』에서 감명 깊게 읽은 이야기가 있습니다. 자신의 잘못 없이 에이즈에 걸린 한 아프리카 청년에 관한 이야기입니다.

에이즈에 병든 청년이 사는 집의 담벼락에는 십자가가 그려져 있었고, 그 옆에는 이러한 글귀가 새겨져 있었습니다. "하느님은 어떤 경우에도 당신을 사랑하십니다." 그것을 본 한비야가 그 청년에게 "당신 자신이 이렇게 된 것에 대해 하느님을 원망하지 않습니까?" 하고 물었더니 그 청년이 이렇게 답했다고 합니다. "원망은요, 하느님은 늘 우리에게 좋은 것을 주시는데 말입니다. 솔직히 아직은 모릅니다. 왜 하느님이 절 에이즈에 걸리게 하셨는지를. 그러나 저는 지금 하느님께 감사드리고 있습니다. 그것은 이런 고통 중에 있는 저를 무척 사랑하신다는 걸 제가 잘 알기 때문입니다. 욥기의 욥처럼 말입니다." 이 말을 들은 한비야는 이렇게 썼습니다. "그렇게 말하며 조용히 웃는 청년의 믿음이 너무나 부러웠다. 나라면 어땠을까? 내가 무슨 잘못을 했다고 에이즈에 걸리게 했느냐고 울고불고 원망하며 난리를 쳤겠지. 이 청년의 기도가 바로 성숙한 감사의 기도일 거다. 눈에 보이는 은총은 물론 고통으로 가장한 은총까지, 감사할 수 없는 것까지도 감사하는 기도 말이다."

'고통으로 가장한 은총', 하느님께서 주시고자 하지만 정작 나에게는 고통으로 받아들일 수밖에 없는 은총이 있습니다.

그러한 고통까지, 감사드릴 수 없는 것까지도 감사할 줄 아는 기도를 드릴 수 있다면 얼마나 좋겠습니까!

재미있고 쉽게 쓴 영성 서적으로 허나드Hannah Hurnard의 『높은 데서 사슴처럼』을 꼽을 수 있습니다.

목자의 일을 하고자 하는 주인공 '두려움'을 친척들이 방해하려고 사촌인 '비겁함'과의 결혼을 강요하는 가운데, '두려움'이 목자의 인도로 수치의 골짜기에서 달아나 높은 데에 오르면서 펼쳐지는 이야기입니다. 과연 완덕의 길이라고 할 높은 데로 가는 길은 어렵고 위험하게 묘사됩니다. 우리는 어떤 흠이 조금만 있어도, 또 어딘가가 불완전해도 그 곳에 들어갈 수가 없습니다. 하지만 하느님은 우리의 다리를 사슴의 다리처럼 날래게 만들어 높은 데서 살게 하고자 하십니다. 중요한 것은 높은 데서 살기를 우리 스스로 고대하는 것이고, 높은 데서 살게 되기 전에 나 자신이 먼저 바뀌는 일입니다. 이를 위해 우리 가슴에 사랑을 심어야 한다고 저자는 말합니다. 우리 가슴에 사랑의 꽃이 피어 있어야만 우리가 사랑의 왕국에서 살 수 있을 것이고, 두려움과 모든 고통까지 몰아낼 수 있을 것이기 때문입니다.

우리는 하느님을 볼 수 없지만 우리가 어디서나 그분을

부르면 그분은 우리의 음성을 들을 수 있고, 도움을 청하면 즉시 도우러 오실 것입니다. 우리는 주어진 모든 것을 받아들여 그것을 이겨 내고, 끊임없이 기쁜 마음으로 우리 자신을 바침으로써 사랑의 주님을 더 잘 알게 되고 그분과의 온전한 일치를 체험하게 될 것입니다.

내가 어쩔 수 없이 슬픔과 고통을 겪어야 한다거나 어둠 속을 걸으며 빛을 보지 못하거나 광풍에 시달리며 위로받지 못한다고 느끼고 있다면 「높은 데서 사슴처럼」의 말씀에 귀 기울입시다. "너 두려움아, 모든 것을 기쁘게 받아들이고 사랑으로 참아내어라! 그러면 너는 사랑의 왕국에서 나와 함께 살게 되리라!"

주님을 기억하여 행하는 성찬례

주님께서는 당신의 생명을 바치심으로써 그 생명을 우리에게 나누어 주십니다. 수난 전날 저녁, 최후의 만찬 때 예수님께서는 말씀하셨습니다. "이는 너희를 위하여 내어 주는 내 몸이다." "이것은 내 피로 맺는 새로운 계약의 잔이다. 나는 너희를 위하여 이 피를 흘리는 것이다." 성체 성사는 그리스도의 희생을 통한 우리 구원의 신비를 기념하는 것입니다. 그 신비는 오늘날 모든 미사성제에서 재현되고 있습니다. 우리를 위한 구원을 현재화하는 것이 바로 미사입니다. 예수님께서는 "너희는 나를 기억하여 이 예를 행하여라!" 하고 말씀하셨습니다. 성체 성사는 주님을 기억하여 행하는 기념제입니다.

그러므로 우리는 더 열심한 마음으로 미사에 참례하고, 열렬한 마음의 준비로 성체를 받아 모셔야 하겠습니다. 또한 우리는 우리를 위한 주님의 사랑을 잊지 않고, 그분이 주시는 영원한 생명을 지금 이 세상에서부터 기쁘게 살아가야 합니다.

/4

예수님의 부활과 승천

죽음을 이기심

예수 그리스도께서는 수난과 죽음을 겪으셨지만 우리의 구원을 위해 부활하시어 우리와 함께하는 분이십니다. 바오로 사도는 "그리스도께서 되살아나지 않으셨다면, 우리의 복음 선포도 헛되고 여러분의 믿음도 헛됩니다."(1코린 15,14)라고 말씀하셨습니다. 예수 그리스도께서 그저 수난하시고 죽으시기만 했다면 그분께 대한 우리의 신앙도 없을 것입니다. 그렇다고 해서 우리의 신앙이 단순히 죽은 자가 부활하리라는 소망과 믿음으로 말미암은 것은 아닙니다. 우리의 신앙은 "내가 세상 끝 날까지 항상 너희와 함께 있겠다." 하신 분, 우리 구원의 주님에 대한 분명한 믿음입니다.

신약 성경은 그리스도의 부활 신비를 역사적인 사건으로, 그것도 분명한 사실들을 보여 주는 실제 사건으로 증언하고 있습니다. 대표적인 말씀이 바오로 사도가 코린토 신자들에게 하신 말씀입니다. "나도 전해 받았고 여러분에게 무엇보다 먼저 전해 준 복음은 이렇습니다. 곧 그리스도께서는 성경 말씀대로 우리의 죄 때문에 돌아가시고 묻히셨으며, 성경 말씀대로 사흗날에 되살아나시어 케파에게, 또 이어서 열두 사도에게 나타나셨습니다."(1코린 15,3-5). 예수님께서는 부활하신 후, 먼저 당신이 오시기 이전의 사람들을 구원하시기 위해서 저승으로 가셨습니다. 이제 죽은 이들에게도 복음이 전해지게 된 것입니다.

우리의 신앙은 수난과 죽음을 겪으시고 부활하시어 우리의 구원을 위해 우리와 영원히 함께하시는 분에 대한 믿음입니다. 주님께서 지금도 바로 나의 곁에, 내 안에서, 나와 함께하심을 잊지 말아야 하겠습니다!

그리스도의 빈 무덤

"어찌하여 살아 계신 분을 죽은 이들 가운데에서 찾고 있느냐? 그분께서는 여기에 계시지 않는다. 되살아나셨다."(루카 24,5-6). 병사들이 무덤을 지켰는데도 불구하고 수의가 잘 개켜져 있었다고 했고, 예수님의 시체가 없었다고 했습니다. 결국 예수님께서 부활하셨음을 드러내는 것이 그분의 무덤이 비어 있었다는 사실이었습니다.

그리스도의 빈 무덤은 그분께서 이전과는 완전히 다른 새로운 양식의 몸을 지니시고 부활하셨다는 것을 증거합니다. 이렇게 그리스도의 빈 무덤은 육신의 부패 없이 부활하신 그리스도의 몸을 나타내는 표징이 되는 것입니다.

다른 한편으로 그리스도의 빈 무덤은 우리에게 우리의 희망을 이 세상에 두지 말라는 하느님의 메시지이기도 합니다. 즉 우리의 희망을 이 세상이 아니라 저 세상, 곧 하늘나라, 하느님의 나라에 두어야 한다는 것입니다.

그리스도님의 무덤은 분명히 그분의 시신을 모셨는데도 비어 있었습니다. 그분께서 부활하셨기 때문이지요. 그리스도님은 부활하여 승천하실 분이셨기에, 그 무덤은 곧 비워질 수밖에 없었던 것입니다. 우리도 죽고 무덤에 묻히게 될 것입니다. 그럴지라도 계속 무덤 안에만 머물지 않을 것입니다. 예수님을 따라 부활하여 새로운 몸으로 하늘로 오르게 될 것이기 때문입니다. 그리스도의 빈 무덤을 생각하며 우리가 누리게 될 부활에 대한 희망을 더 굳게 가지면 좋겠습니다.

예수님 부활의 증인들

부활에 대한 교회의 신앙은 그리스도인들이 알고 있던, 대부분 아직 그 가운데 살고 있던 사람들의 직접적인 증언에 기초하고 있습니다. 먼저 그리스도의 부활을 사도들에게 알린 첫 사람은 여인들이었습니다. 다음으로 예수님께서는 사도들에게 나타나시는데, 먼저 베드로에게 그리고 이어서 열두 사도들에게 나타나셨습니다. 그러나 그들뿐이 아니었습니다. 바오로는 야고보와 모든 사도 외에도 한 번에 오백 명이 넘는 사람들에게 예수님께서 나타나셨다고 증언하고 있습니다.

예수님의 부활을 믿는 데에 어려움을 겪은 제자들

예수님의 제자들은 그분의 수난으로 너무나 큰 충격을 받았습니다. 그래서 그들 가운데 적어도 몇몇은 그분의 부활 소식을 쉽게 믿지 못했습니다. 토마스가 대표적이지요. 복음은 제자들이 기가 꺾이고 두려운 상태에서 무덤에서 돌아온 여인들의 말을 믿지 못했다고 전하고 있는 것입니다.(루카 24,11 참조). 이에 예수님께서는 부활하신 날 저녁에 열한 제자들에게 나타나시어, 그들의 불신과 완고한 마음을 꾸짖으셨습니다.(마르 16,14 참조). 부활하신 예수님을 눈앞에서 보고도 제자들의 의심은 여전했습니다. 그들에게는 부활이 불가능한 일로 보였기 때문이었습니다. 이러한 이유로, 부활에 대한 제자들의 신앙은 - 하느님 은총의 작용으로 - 부활하신 예수님의 실재에 대한 직접적인 경험에서 생겨난 것이라고 말할 수밖에 없습니다.

우리를 위한 예수님 부활의 의미

바오로 사도는 "그리스도께서 되살아나지 않으셨다면, 우리의 복음 선포도 헛되고 여러분의 믿음도 헛되다."(1코린 15,14)라고 하였습니다. 이처럼 예수님의 부활은 무엇보다도 그분께서 친히 행하시고 가르치신 모든 것들을 확인해 줍니다. 그러므로 그리스도의 부활은 구약의 약속과, 예수님께서 사시는 동안 하신 약속의 실현이며, 예수님께서 지니신 신성의 진실성을 확증해 주는 사건입니다.

다른 한편, 그리스도의 부활은 그분의 강생의 신비와 밀접하게 연결되어 있습니다. 즉 하느님의 아들이 사람이 되셨으니, 그분은 이미 죽음에서 부활하실 수 있는 하느님이셨고, 그러기에 그분은 참으로 부활하신 분임에 틀림이 없다는 것입니다. 이러한 의미에서 부활은 강생의 완성이라고 말할 수 있겠습니다. 곧 하느님의 아드님이 사람이 되신 강생이 그리스도의 부활로 이어지고 완성되었다는 것입니다.

또한 부활은 우리들로 하여금 그리스도의 형제가 되게 하는 사건이고, 우리들이 하느님의 양자養子가 되도록 하는 사건이며, 장차 우리가 누리게 될 부활의 근원이며 원천이 되는 사건이기도 합니다. 즉 그리스도께서 부활하셨기에, 그분께서는 우리의 부활을 보증해 주셨고, 우리도 부활을 누리며, 그런 우리를 하느님께서는 당신의 자녀로 삼아 주신다는 것입니다. 이러한 의미에서 그리스도께서는 나를 부활시키기 위해서 먼저 부활하셨다고 할 수 있겠습니다.

우리를 위한 예수님 승천의 의미

일찍이 예수님께서는 "나는 땅에서 들어 올려지면 모든 사람을 나에게 이끌어 들일 것이다."(요한 12,32) 하셨습니다. 우리 인간은 자신의 자연적 능력만으로는 하느님의 생명과 지복至福에 다다를 수가 없습니다. 오직 그리스도께서만 우리에게 이 길을 열어 주실 수 있습니다. 승천하신 그리스도께서는 하늘에서 당신의 사제직을 영원히 수행하고 계시므로, 당신을 통하여 하느님께 나아가는 사람들을 언제나 구원하실 수 있는 분이십니다.(히브 7,25 참조)

넷째 글

하느님을 만나게 하는 성사가 뭐라예?

/1

성사란 무엇인가?

성사에 대한 정의

트리엔트 공의회에 의하면, "성사聖事란 거룩한 것의 표징이며, 보이지 않는 은총의 보이는 형태"(DS 163)입니다. 예수 그리스도께서 교회에 맡기신 '인간에게는 보이지 않는 하느님 은총'을 '인간에게 보이도록 전달하는 표징'들이 성사라는 것입니다. 『가톨릭교회교리서』는 성사는 성령께서 행하시는 일로서 하느님께서 만드신 최고의 작품이라 칭송합니다.

> 성사들은 언제나 살아 계시며 생명을 주시는 그리스도의 몸에서 '나오는 힘'이요, 그리스도의 신비체인 교회 안에서 일하시는 성령의 행위이다. 성사들은 새롭고 영원한 계약 안에서 이루어지는 '하느님의 걸작'이다.(1116항)

또한 성사는 교회가 그 안에서 성령의 파견으로 활동하시는 그리스도의 성사이며, 특히 성체 성사 안에서 하느님 사랑의 신비를 인간들에게 보여 주는 성사로서 '교회를 이루는 성사' 입니다.(『가톨릭교회교리서』 1118항 참조)

성사와 인간 삶의 관련성

성사는 보이지 않는 것을 보이도록 표현하는 일종의 표지, 표징, 상징의 세계에 속해 있습니다. 보이지 않는 것을 보이도록 표현하는 이러한 성사의 성격은 교회의 7성사만이 아니라 우리 인간의 삶에서도 충분히 발견됩니다. 즉 우리가 한 송이 꽃이나 초콜릿 같은 작은 선물에 나의 (누군가에 대한 사랑하는, 고마운, 축하하는) 마음을 담아 표현하듯이, 하느님도 빵과 포도주와 같은 표지나 상징에 (우리 인간에 대한) 당신의 (사랑하는, 구원하는, 축복하는) 마음을 담아 표현한다는 것입니다. 이처럼 '그리스도를 통해 드러난 하느님의 인간에 대한 사랑', 그 과거의 사랑이 오늘날의 우리에게 성사를 통해 나타나는 것입니다.

누군가에게 따뜻한 마음을 담아 전하는 꽃 한 송이, 이제 그 꽃은 여타의 꽃과는 다른 의미를 지니게 되듯이, 미사 때의 빵과 포도주는 '하느님의 사랑이라는 특별한 의미를 담아 봉헌' 되고, 그럼으로써 그것은 이제 '보통의 빵과 포도주'가 아니라 '그리스도의 몸과 피'라는 의미를 갖게 됩니다.

성사는 우리 삶과 동떨어진 것이 아니라 아주 밀접한 연관을 맺고 있습니다. 즉 교회의 7성사는 우리 삶의 각 단계와 각 부분에 관계합니다. 즉 세례 성사는 탄생, 견진 성사는 성장, 성체 성사는 식사, 고해 성사는 죄와 용서, 혼인 성사는 결혼, 성품 성사는 봉사, 병자 성사는 병·죽음과 연관되어 베풀어집니다.

이렇게 성사는 인간의 삶을 배경으로 하고 있습니다. 따라서 성사는 결코 성직자들만의 전유물도 아니고, 교회의 울타리 안에만 갇혀 있지도 않습니다. 그것은 인간 생활의 바탕을 이루는 것이고 인간 생활의 구성 요소가 되는 것이지요. 레오나르도 보프Leonardo Boff 1938- 신부는 세상 모든 것이 표징 내지 상징이 될 수 있다고 하면서, 성사는 돌아가신 아버지가 남긴 '담배 꽁초'와 같다고 하였습니다. 그 작은 담배 꽁초 하나가 그에겐 아버지를 상기시키고 현존하게 하는 소중한 역할을 하기 때문이지요.

인간을 위한 하느님 구원 계획의 성사적인 성격

하느님은 초월적 존재인 동시에 인간과 세상에 가까이

다가오시는 (내재적인) 분이십니다. 이러하신 하느님이 당신 자신을 알려 주는 것이 '계시'啓示라 했습니다. 하느님은 당신 자신을 계시하시되 항상 당신 자신의 언어가 아니라 인간의 언어로, 인간의 역사적 사건이나 어떤 인물을 통해서 구체적으로, 또 인간이 체험할 수 있는 방법으로 하십니다. 그러기에 세상의 역사적인 사건이나 인물은 하느님이 어떤 분인지를 드러내 주는 성사적인 의미를 지닙니다.

하느님께서는 구원의 역사 안에서 당신을 계시하십니다. 그러기에 넓은 의미에서는 하느님이 주관하시는 구원의 역사는 그 자체로 성사적인 특성을 지닙니다. 그렇다면 우리 인간 세상에서 일어나는 어떤 역사적 사건들도 나름대로 인간 구원을 위해 분명한 가치와 소중함을 지니고 있다고 하겠습니다. 결국 인간 역사 안에서 드러난 하느님의 구원 계획 자체가 성사적인 의미를 갖는 것입니다.

한편 전통 신학에는 '자연 성사'自然聖事라는 표현이 있었습니다. 하느님은 모든 인간이 구원되기를 바라시기 때문에 그리스도교 이외의 장소와 사람들도 (곧 자연까지도) 하느님의 현존을 드러내는 표지가 될 수 있다는 것이었습니다. 하지만 이 생각은, 자연과 인간은 창조주의 흔적을 드러내는 표지이면서도 인간이 저지른 죄의 흔적을 드러내는 이중적인 표지가 된다는 교회의 가르침에 맞지 않는 것입니다.

같은 이유로 모든 인류가 '성사적'聖事的이라고 할 수는 없지만, 성경이 전하는 '이스라엘 백성'은 성사적이라고 할 수 있습니다. 하느님은 전체 인류 중에서 이스라엘이라는 한 민족을 선택하여 당신의 뜻을 좀 더 분명하고 구체적으로 알려 주셨기 때문입니다. 이러한 성사적인 사고를 배경으로 전통 신학은 '그리스도를 암시하는 구약의 예식이나 사물'을 '구약의 성사' 혹은 '이스라엘의 성사'로 보았는데, (신약의 성사들을 예시하는) 대표적인 것들로는 '할례'와 '파스카 양' 등이 있습니다.

원성사이신 예수 그리스도

히브리서는 "하느님께서 예전에는 예언자들을 통하여 여러 번에 걸쳐 여러 가지 방식으로 조상들에게 말씀하셨지만, 이 마지막 때에는 아드님을 통하여 우리에게 말씀하셨습니다."(1,1.2)라고 전하고 있습니다. 하느님께서 인간에게 자신을 드러내는 과정인 구세사의 정점에 위치하는 사건이 바로 '예수 그리스도라는 사건'입니다. 그분은 보이지 않는 하느님을 더 이상 능가할 수 없을 정도로 분명하게 계시하신 분, 곧 '계시의 절정' 이십니다.

신약 성경은 예수님을 하느님의 모상(2코린 4,4; 콜로 1,15), 보이지 않는 하느님의 본성을 드러내는 분(히브 1,1 이하; 1요한 1,1; 요한 14,9)으로 표현합니다. 보이지 않는 하느님을 가장 잘 드러내는 분이라는 의미에서 예수 그리스도는 '원성사'原聖事 Ursakrament이십니다.

그리스도의 성사인 교회

교회는 예수 그리스도와의 밀접한 연관 속에서 살아가는 가시적인 공동체로서 보이지 않는 그리스도를 전달합니다. 그리스도를 보여 주고 전달한다는 의미에서 교회는 '그리스도의 성사' 입니다. 그리스도께서는 성령 안에서 교회를 자신의 표지와 도구로 만드십니다. 그리하여 그분은 세상을 새롭게 하고 변화시키는 데 교회를 쓰십니다. 그리스도의 도구인 교회 안에서 개개의 성사들은 그리스도 안에 근거를 두고 그리스도를 나타내는 행위가 됩니다. 교회는 성사들을 통해서 '근본 성사' 로서의 자신의 본질을 구체적으로 실현하는 것입니다.

개개의 성사를 통해서 근본 성사로서의 교회가 실현되고 현실화되고 전개된다는 시각이 제2차 바티칸 공의회 직전에 교회 안에 형성되기 시작하였습니다. 일찍이 동방 교회에서 오래전부터 자리하던 시각, 즉 성찬례를 통해서 교회가 자신을 실현한다는 시각이 서방 교회 안에 자리잡기 시작한 것입니다.

/2

성사의 역사적 생성과 발전 과정

성경과 성사

먼저 성경에는 '성사' 라는 단어 자체가 없습니다. 하지만 성사는 내용 면에서 볼 때 구원의 역사를 전하는 성경에 그 뿌리를 두고 있습니다. 넓게는 성경에 나타나는 구원의 역사가 성사적인 특성을 지니고 있습니다. 곧 구원역사를 통하여 보이지 않는 하느님이 보이는 사건이나 인물들을 통해서 자신을 드러낸다는 것입니다. 교회의 7성사는 이러한 성사적인 구원 경륜經綸 계획을 바탕으로 보이지 않는 하느님의 은총을 보이도록 전하는 표지로 생겨나고 발전되었다고 할 수 있습니다.

고대교회에서의 성사 이해

신약 성경에는 세례, 성찬례, 안수, 병자 도유(그리스도의 구원을 전하는 교회의 예식) 등이 나타나지만, 오늘날처럼 이 예식을 포괄하는 '성사' 와 같은 일반적 개념은 없었습니다. 그런데 신약 성경에 나오는 '신비' 를 뜻하는 그리스어

'뮈스테리온' mysterion을 라틴어 성경에서 '사크라멘툼' sacramentum으로 번역하게 되었는데, 이를 계기로 '사크라멘툼'은 오늘날과 같은 의미로 성사를 지칭하게 되었습니다.

결국 성사라는 명칭은 역사적으로 볼 때 비교적 후에 사용된 것으로, 세례와 성찬례와 같은 교회 예식이 먼저 있었고, 그 다음에 이를 포괄하는 이름과 이론이 생겨났습니다. 7성사보다 수많은 개별 예절들이 먼저 있었고, 거기에서 7성사가 나와서 성사 신학의 발전으로 이어진 것이지요.

그리스 교부들의 성사 이해

그리스 교부들은 일반적인 성사 개념이나 이론보다 '세례'와 '성체'와 같은 개별적인 성사들에 더 관심을 기울였습니다. 이러한 이해의 배경에 '플라톤 철학'이 있었습니다.

플라톤 철학은 인간과 세상에 대한 해석의 기준으로 '하나의 실재는 한 차원 높은 다른 실재의 상징'이라는 명제를 제시하였습니다. 여기서 말하는 상징이란 한 차원 높은 실재 자체가 (비록 불충분하고 약화된 방식이긴 하지만) 그보다 낮은 실재 안에서 자신을 나타내고 그 안에 현존하며, 그를 통해서 작용한다는 의미입니다. 즉 원형原形이 (존재론적으로는 약화된 방식이지만) 모형模型 안에 현존하면서 자신을 드러낸다는 것입니다.

이러한 이론이 성체 성사 이해에 중요한 역할을 하였습니다. 즉 "원형이신 그리스도는 모형인 성찬례 안에 현존하신다." 또는 "원형인 그리스도는 모형인 성사 안에 현존하신다." 이러한 이론에 따라 성찬례는 현양된 주님의 형상, 모상, 상징으로 여겨졌다는 것입니다. 그리하여 성찬례에는 단순한 표상이 아니라 '구속사건을 현재화' 한다는 의미가 따르게 되었습니다.

나아가 그리스 교부들은 '성찬례 안에' 그리스도 자신만 현존하는 것이 아니라 '그리스도 사건 전부가, 곧 그의 행동과 삶, 죽음까지 다 현존' 한다고 이해하게 되었습니다. 그들에 의하면, 성찬례는 예수 그리스도와 그의 구속 사건을 현재화하는데, 신자들은 성찬례에 능동적으로 참여함으로써 그 안에 현존하시는 그리스도와 친교를 맺고 그분의 구원공로에 참여하게 됩니다. 또한 신자들은 성찬례에 참여함으로써 그리스도의 운명에 동참하고, 그리하여 그분의 구원을 나누어 받습니다. 이러한 그들의 생각을 나타낸 것이 그리스도를 닮아가야 한다는 '모방' 模倣 mimesis의 개념이었습니다.

아우구스티노의 성사론

성 아우구스티노는 서방 교회 성사론에 결정적인 영향을 끼친 교부입니다. 그는 그리스도가 세례와 성체 성사를 설립했다는 것을 신비적이고 상징적으로 설명하면서 이 두 성사는 구원사건이 완성된 그리스도의 십자가에서 유래되었다고 하였습니다. 그는 그리스 교부들과 같이 성사는 실재를 상징하는 것이고, 보이지 않는 실재를 드러내는 가시적인 표지이며, 여느 표지와는 달리 신적인 것을 가리키는 '거룩한 표지' sacrum signum라 하였습니다.

아우구스티노는 성사를 (물질적 요소와 말씀으로서의) '외적 표지' sacramentum와 (은총으로서의) '내적인 실재' res sacramenti로, 외적 표지는 다시 '요소' elementum와 '말씀' verbum으로 구분하였습니다. 여기서 아우구스티노는 물질적 요소는 외적인 유사함을 근거로 성사적 은총을 암시하는 역할을, 말씀은 이것을 확인하는 역할을 한다고 했습니다. 세례 성사를 예로 들자면, 성사의 요소인 물은 모든 죄를 사하는 성화은총을 암시하고, 말씀은 세례를 통해서 그 은총이 전달된다는 것을 분명하게 한다는 것입니다.

아우구스티노 성인은 성사적 표지를 분석하면서 말씀을 중시하여, 성사에서 발실된 말씀은 아직 스스로 신앙을 고백하지 못하는 어린아이까지도 의화에 이르게 할 정도로 강력하다고 하였습니다.

다음은 '성사 안에서의 말씀' 에 대한 아우구스티노의 설명입니다.

> 성사 안에서 말씀이 이렇게 능력과 효력을 갖는 것은 그 말씀이 '교회가 선포하고 믿는 말씀' 이고, '성경에서 인용된 말씀' 이며, 궁극적으로는 '그리스도의 말씀' 이기 때문이다.
>
> 이 말씀을 우리가 '믿음으로 받아들일 때' '말씀의 능력과 효력' 이 우리에게 전해지게 된다.
>
> 믿음은 이렇게 중요하지만 그렇다고 성사의 효력이 인간의 믿음에 종속되는 것은 아니다. 왜냐하면 '성사의 본래 집전자는 인간이 아니라 예수 그리스도' 이시기 때문이다. 곧 성사의 효력이 예수 그리스도에게서 나오는 것이기 때문이다.

따라서 '가톨릭교회 밖에서 행해진 세례도 유효' 하다는 것이 아우구스티노의 생각이었습니다. 이렇게 아우구스티노는 성사를 '표지' 와 '실재'[은총] 로 구분하였고, 또 표지는 '가시적인 요소' 와 '말씀' 으로 구분하였습니다. 이후 서방 교회의 성사 신학은 말씀과 개념 중심적이고 분석적인 경향을 띠게 되었습니다. 반면 동방 교회의 성사 신학은 표지 중심적, 실재상징적인 경향을 더 띠게 되었습니다.

중세교회: 성사 수의 확정

그리스도의 구원 사건과 그를 예시하는 구약의 사건과 제도들까지 포함하는 '고대교회의 광범위한 성사 개념'은 12세기까지 계속되었습니다. 즉 중세 후반까지도 '성사'라고 이름 붙여진 것이 100개가 넘을 정도로 그 수와 개념에 대한 통일된 견해가 없었습니다. 아우구스티노 같은 신학자가 세례와 성찬례와 같은 성사 개념은 정리했지만 그 수를 고정시키지는 못했던 것입니다. 아우구스티노 이후 800년이 지난 12세기에 이르러 비로소 신학이 조직적으로 정리되는 과정에서 성사는 베드로 롬바르도+1164의 견해대로 '7개'로 규정되었고, 이와 더불어 '교회 예식을 지칭하는 좁은 의미의 성사 개념'도 정립되었습니다.

스콜라 신학의 새로운 성사 이해: 은총의 원인으로서의 성사

초기 스콜라 신학은 '성사의 효과성'에 주목하면서 그를 분명히 표현하고자 '원인' causa이라는 새로운 용어를 도입하였습니다. 예를 들어 신학자 베드로 롬바르도는 "성사는 은총을 담는 그릇과 같은 것이 아니라 은총의 원인"이라 하였습니다. '원인' 이라는 새로운 용어가 도입된 배경에는 신약의 성사를 구약의 성사와 명확하게 구분 지으려는 의도가 있었던 것 같습니다. 즉 구약의 성사들은 은총을 암시하는 표지에 불과하지만, 신약의 성사들은 표지이면서도 동시에 표지가 표시하는 은총을 실제로 전하는 원인이 된다는 것입니다.

원인 개념은 오늘날에도 그렇지만 중세 당시에도 논란의 여지가 많았던 개념이었습니다. "(성사가 은총의 원인이 된다고 하는 것은) 은총에 대한 하느님의 주권 침해가 아닌가?" "어떻게 물질적인 것(예식의 요소-성사)이 정신적인 것(인간의 영혼-은총)에 영향을 미칠 수 있는가?" 하는 의구심과 문제 제기가 따랐던 것이지요. 이러한 배경에서 성사가 은총의 원인이라는 정의에 세 가지 서로 다른 설명이 생겨나게 되었습니다.

첫째, 설비적 효과에 따른 인과성

- 성사는 인간 영혼에 어떤 설비를 이룩한다. 하지만 이는 아직은 은총 자체가 아니고 은총을 준비하는 역할을 한다.(성사는 은총 자체의 원인이 아니라 은총을 준비하는 역할만 한다는 것)

둘째, 계약설(조건설)에 따른 인과성(보나벤투라+1274의 주장이 대표적)

- 성사는 은총의 인과적인 원인이라고 할 수 없다. 오직 하느님만이 은총을 주시고, 그분은 성사에 묶여 있지 않으시기 때문이다.
- 성사를 통한 은총의 전달은 성사 자체에 속한 능력이 아니라 하느님이 정하신 규정에 기인한다.
- 성사가 은총을 전할 수 있는 이유는 마치 계약과 같은 것을 통해서 주어진 하느님의 약속에 있다. 즉 성사를 받을 때마다 매번 그 성사에 상응하는 은총이 부여되도록 하느님께서 약속계약하셨기 때문이다.("성사가 하느님과의 약속을 통해 인간에게 은총을 전달한다."는 생각은 "그렇다면 성사는 우선적인 것이고 약속은 2차적인 것인가?" 하는 의구심을 유발)

셋째, 도구적 원인(성 토마스 데 아퀴노+1274의 주장이 대표적)

- 계약설에 의하면, 성사는 단지 은총의 조건에 불과하다는데, 이는 성사의 효과를 내용적으로가 아니라 단지 겉으로만 밑받침할 뿐이다. 이러한 방식의 성사적 효력은 왕의 훈령을 통해 진짜 금에 비하면 아무 가치도 없는 납전을 백 파운드의 가치를 지닌 돈으로 여기는 것과 같다.
- 성사는 그 자체로 하느님 은총을 전달하는 도구로서 '도구적 원인'causa instrumentalis이 된다. 하느님 자신은 은총 행위의 본래적 주체이지만 성사는 그 자체로 은총 전달에 필요하다. 성사는 목수가 책상을 만들 때 도구로 사용하는 톱에 비길 수 있다. 책상은총이 생기게 된 주원인은 목수하느님이지만, 톱성사은 그 자체로 널빤지를 자르는 기능을 갖고 있으면서 책상이 만들어지는 데에 도구 역할을 한다. 이처럼 하느님은 성사를 도구로 사용하셔서 당신의 은총을 전달하신다.(하느님께서 성사를 통해 인간에게 은총을 주신다는 것. 이는 하느님이 주도적인 역할을 하시고 성사는 도구적인 역할을 하신다는 생각으로, 은총의 근원으로서의 하느님의 역할, 은총 전달의 매체로서의 성사의 역할이 모두 중요하다는 입장)

성 토마스 데 아퀴노의 성사 이해

성 토마스는 (13세기 아랍을 통해서 전해진 아리스토텔레스 철학의 영향을 받아) '질료형상론'質料刑象論을 성사론에 적용, '물질적이고 감각으로 인지할 수 있는 모든 사물은 질료와 형상으로 구성'된다고 하였습니다. 여기서 '질료'materia는 사물을 이루는 근본 물질로서 변화되고 규정될 수 있는 것을, '형상'forma은 질료가 일정한 사물이 되도록 규정하는 것을 말합니다. 예를 들면 나무가 질료라면 나무로 만든 책상은 형상이며, 밀가루와 물이 질료라면, 그로써 만든 빵은 형상입니다.

토마스는 질료형상론을 이용하여 성사를 네 가지 원인으로 구분하여 고찰하면서, 성사의 내적 원인에는 '형상인'刑象因: 말씀, '질료인'質料因: 물질적 요소와 전례적 행동이 있고, 성사의 외적 원인에는 '작용인'作用因: 그리스도와 성사 집전자, '목적인'目的因: 은총이 있다고 하였습니다.

이렇게 토마스는 스콜라 신학의 조류대로 원인이라는 새로운 개념으로 성사를 고찰하였습니다. 그러면서도 그는 성사를 은총의 표지로 보는 교부들의 시각(특히 아우구스티노)을 그대로 수용하면서 "성사란 거룩한 것의 표지인데, 이는 인간을 성화시키는 작용을 한다."고 하였습니다.

성사의 사효적 효력

3세기에 교회에서는 "이단자가 베푼 세례가 유효한가?"를 두고 논쟁이 벌어졌습니다. 그리하여 스콜라 신학자들에 의해 "이단자가 베푼 성사도 그 자체로 유효하다."는 '사효성' 事效性 교리가 생겨났습니다. 성사의 효력은 성사 집전자의 개인적 신앙이나 성덕에 의해서가 아니라 오직 예수 그리스도의 능력에 근거한다는 것입니다.

이러한 주장을 이어받아 오늘날 가톨릭교회는 "신앙 안에서 정당하게 거행된 성사는 그 성사가 의미하는 은총을 준다."고 가르칩니다.(『가톨릭교회교리서』 1127항). 정당하게 거행된 성사가 유효한 것은 그 성사 안에서 그리스도께서 일하고 계신 까닭입니다. 따라서 성사의 효력은 성사 집전자의 개인적 신앙이나 성덕에 의해서가 아니라 오직 예수 그리스도의 능력에 근거합니다. 교회는 그러면서 성사는 '인효적' 人效的 ex opere operantis 으로, 곧 성사 집전자의 능력으로 효력을 내지 않고, '사효적' 으로 事效的 ex opere operato, 곧 성사 거행 그 자체로 효력을 내는 것이지만, 성사가 맺는 결실은 성사를 받는 사람의 마음가짐에도 달려 있다고 가르치고 있습니다.

> 성사들은 '사효적으로' 성사 거행 그 자체로 효력을 가진다. 곧, 단 한 번에 영원히 성취된 그리스도의 구원 업적으로 효력을 가진다. 따라서 "성사는 그것을 주는 사람이나 받는 사람의 의로움이 아닌 하느님의 능력으로 이루어진다." 성사가 교회의 의향에 따라 거행되면 집전자의 개인적인 성덕과 관계없이 그리스도와 그분 성령의 힘이 성사 안에서 성사를 통하여 작용한다. 그렇지만 성사가 맺는 결실은 그것을 받는 사람의 마음가짐에도 달려 있다.(『가톨릭교회교리서』 1128항)

교회 교도권 주장의 핵심은 "성사의 유효성은 성사 집전자의 주관적인 신심의 정도와 윤리성에 종속될 수 없다."는 것에 있습니다. '성사를 통해 본래적으로 행동하는 주체가 삼위일체 하느님'이시므로 집전자의 죄와 부족함에 의해서 교회 안에서 정당하게 베풀어진 성사가 허사가 될 수 없다는 것이지요. 이렇게 볼 때 성사의 사효성은 '인간의 행업에 앞서 오는 하느님의 은총에 근거'해서 '부당한 성사 집전자로부터 신자들을 보호'하는 의미를 지니고 있다고 하겠습니다.

그러나 교회 역사 안에서 사효성 교리는 성사가 마치 은총을 자동적으로 생산하는 기계처럼 오해하게 만드는 폐단을 낳기도 했습니다. 아무튼 가톨릭교회는 인효성보다 사효성을 강조함이 사실인데, 그 배경에는 성사의 효력을 성사 집전자의 성덕에 결부시키려는 엄격주의자들의 주장에 대한 배격이 있었던 것입니다.

성사는 '하느님의 은총을 인간들에게 전달' 하는 '하느님 은총의 효과적인 표징' 이지만, 이러한 하느님의 은총은 저절로, 혹은 무조건적으로 사람들에게 전달되지 않고 '합당한 마음가짐으로 성사를 받아들이는 사람' 들에게서 결실을 맺게 됨을 잊지 말아야 합니다. 위에서 언급한 『가톨릭교회 교리서』 1128항에서 분명히 밝힌 것입니다. "그렇지만 성사가 맺는 결실은 그것을 받는 사람의 마음가짐에도 달려 있다."

트리엔트 공의회의 성사론

트리엔트 공의회의 성사 일반에 관한 결정 사항은 다음과 같습니다.

– 성사란 거룩한 것의 표징이며, 보이지 않는 은총의 보이는

형태이다.

- 성사는 일곱 가지이다.
- 세례와 성체 성사는 다른 성사들에 비해 더 중요한 성사이다.
- 성사는 오직 신앙을 양육할 목적으로만 설정된 것이 아니다.(쟝 칼뱅Jean Calvin을 반대)
- 성사는 단지 신앙을 통하여 받은 은총이나 의화에 대한 순수한 외적인 표지만이 아니다.(츠빙글리Ulrich Zwingli를 반대)
- (성사를 받을 때) 아무런 장애를 갖고 있지 않는 사람에게 은총이 주어진다.
- 성사는 사효적으로 효력을 낸다. 하지만 유효한 성사가 되기 위해서는 성사 집전자가 교회의 의도와 일치하여 성사를 거행해야 한다.

트리엔트 공의회 이후의 성사 신학

트리엔트 공의회 이후의 성사 신학은 이론에 치중한 스콜라 신학을 중시하여 근본적으로는 큰 변화 없이 '반종교개혁적 성향' 을 띄며 전개되었습니다. 개신교 측은 말씀 위주의 신학을 전개하였고, 그 반작용으로 가톨릭교회 측은 성사에 치중하여 성사의 효력, 성사 집전자의 의도, 성사

효력을 내기 위한 최소한의 조건 등에 대한 논의에 머물렀던 것입니다.

20세기의 새로운 자각: 전례 운동과 신비 신학

20세기 들어 교회 일치 운동, 성경 운동, 전통(특히 교부학)에 대한 연구가 활발하게 이루어짐에 따라 교회에 대한 인식도 새로이 생겨났습니다. '교회는 더 이상 외적인 법적이고, 제도적 조직체만이 아니라 살아 계신 그리스도의 몸, 하느님의 백성' 이라는 교회의식이 하느님의 백성으로서 함께 기도하면서 서로의 연대를 확인하는 '교회의 전례' 를 새롭게 발견하도록 이끌었습니다.

전례 운동의 태동은 교회가 '성사가 지닌 근본적인 공동체성과 표징성' 을 발견하는 계기가 되었습니다. 그리하여 변화된 교회는 미사를 집전하는 사제와 신자 공동체의 간격을 줄이고, 라틴어가 아닌 모국어 미사 봉헌과 함께 신자들의 전례 참석의 체험을 우선적으로 추진하면서, 표징 행동을 새롭게 이해하고 인식하며 '신자들과 함께하는 전례' 를 거행하기 시작하였습니다.

독일 분도회원 오도 카젤 신부Odo Casel 1886-1948는 동방 교부들의 사상에 의존, 고대의 신비예식을 모델로 신비신학을 전개하면서, 이를 교회의 전례에 적용하고 성사 신학을 개혁하고자 하였습니다. 그는 성사의 본질적 구성 요소들에 대한 논의를 넘어서서 성사예식 자체와 신자들의 참여에 초점을 두고 성사 은총의 실제적인 체험을 유도하였습니다. 그의 주장은 다음과 같이 요약됩니다.

- 전례 예식은 그리스도의 구원신비에 참여하는 신비로운 길을 제시한다.
- 성찬례 안에 그리스도의 구원 업적 자체육화, 십자가 죽음, 파스카 신비, 재림가 현존한다.
- 신자들은 그리스도의 구원 업적이 현존하는 전례에 참여함으로써 (희생의 죽음을 통해서 영광에 이르신) 그리스도의 모습과 같은 모습으로 변한다.
- (전례를 통해) 그리스도와 같아지는 것이 바로 구원이고 은총이다.

제2차 바티칸 공의회의 성사론

전례 운동과 신비 신학의 영향을 받아 제2차 바티칸 공의회는 성사 신학을 새롭게 전개하였습니다. 공의회가 성사론을 별도로 다루지는 않았지만 여러 대목에서 성사에 대해 많이 언급하였는데, 요약하면 다음과 같습니다.

- 성사는 근본적으로 신앙과 연결된다.
- 성사는 신앙을 전제할 뿐만 아니라 말씀과 사물로 신앙을 기르고 굳건하게 하고 드러낸다. 그래서 '신앙의 성사들'이라고 한다."(「전례 헌장」 59항. 루터를 비롯한 종교개혁자들의 주장을 긍정적으로 수용)
- 그리스도는 전례 안에서뿐만 아니라 말씀 안에서도 현존하신다.
- 그리스도는 "당신 말씀 안에 현존하시어, 교회에서 성경을 읽을 때에 당신 친히 말씀하시는 것이다."(「전례 헌장」 7항)
- 교회의 성사 생활은 성령의 역사에 의한 것이다.
- 성령은 신자들을 그리스도의 몸에 합치되도록 이끌고, "신자들은 수난을 당하시고 영광을 받으신 그리스도와 성사들을 통하여 신비롭게 실제로 결합된다."(「교회 헌장」 7항)
- 충실한 복음 전파와 성사 집전을 통해서 성령이 활동하신다.(성령의 역할을 강조하는 동방 교회의 전통을 수렴, 칼뱅의 주장까지도 긍정적으로 수용)

– "그 교회들(동방의 그리스도인들)은 비록 갈라져 있지만 참된 성사들을 보존하고 있다. 특히 사도 계승의 힘으로 사제직과 성찬례를 지니고 있어 아직도 우리와 밀접하게 결합되어 있으므로, 적절한 상황에서 교회 권위의 승인을 받아 이루어지는 어떤 성사 교류는 가능할 뿐만 아니라 권장되는 것이다."(「일치교령」 15항)

– "세례는 세례를 통하여 새로 태어난 모든 사람을 묶어 주는 일치의 성사적 끈이 된다."(「일치교령」 22항) (개신교 세례의 유효성 인정)

제2차 바티칸 공의회 이후 변화된 전례는 미사 봉헌에 있어서의 모국어 사용, 신자들의 능동적 참여, 평신도 독서, 여성 복사 등으로 나타났습니다.

준성사란?

'준성사' 準聖事는 교회가 신자들에게 영적 효력을 간청하고 얻어 주기 위하여 성사를 어느 정도 모방하여 제정한 거룩한 표징으로서, 이를 통하여 신자들은 성사들의 뛰어난 효과를 받도록 준비되고, 그들이 생활하는 여러 삶의 환경을 성화하게 됩니다.(『가톨릭교회교리서』 1667항 참조).

흔히 묵주나 집, 자동차를 '축성' 해 주기를 청하는 신자들이 많은데, 이 경우에는 '축복' 이 맞는 표현입니다. 『가톨릭교회교리서』의 가르침을 살펴봅니다.

- 교회는 특정 직무와 신분, 신자 생활의 매우 다양한 상황과, 사람들에게 유익한 물건 등을 성화하고자 준성사를 제정했다. …… 준성사에는 언제나 기도가 포함되며, 흔히 안수, 십자 성호, (세례를 상기시키는) 성수 뿌림 같은 일정한 표징이 따른다.(1668항)
- 준성사의 거행은 세례로 받은 보편 사제직에 속한다. 세례받은 사람은 모두 그 자신이 '복' 이 되어야 하며 남을 축복해야 한다. 그러므로 평신도들이 집전할 수 있는 축복 예식들도 있다. 그러나 교회 생활과 성사 생활에 더 밀접한 관계를 가진 축복은 서품 성직자들주교, 사제, 부제만 할 수 있다.(1669항)
- 준성사 중에는 우선 (사람, 음식, 물건, 장소 등에 대한) 축복이 있다. 모든 축복은 하느님을 찬미하는 것이며 하느님의 선물을 청하는 기도이다. 그리스도인들은 그리스도 안에서 하느님 아버지께 '온갖 영적인 축복'(에페 1,2)을 받

는다. 그러므로 교회는 예수님의 이름을 부르며, 또 보통은 그리스도의 십자 성호를 그어 축복한다.(1671항)

- 준성사 중에서도 축복benedictio은 중요한 것이다. 축복은 하느님의 업적과 선물에 대한 찬미와, 사람들이 하느님의 선물을 복음 정신에 따라 사용할 수 있도록 드리는 교회의 전구를 포함한다.(1678항)

교회는 준성사의 완전한 효과를 위해서 신자들의 '올바른 정신 자세와 마음의 준비'를 강조하고 있습니다. 즉 준성사를 청하는 신자는 모든 것을 가능하게 하는 믿음, 굳건한 희망, 하느님의 계명을 지키도록 재촉하는 사랑으로 불타고 있을 때 온전한 축복을 얻을 수 있는 것입니다. 「로마 예식서 축복 예식」 총지침 15항에는 다음과 같은 설명이 첨가되어 있습니다. "이와 같이 하느님의 선하신 뜻을 찾는 사람이라야 주님의 복을 온전히 깨닫고 실제로 얻을 수 있다."

/3

입문 성사에 대한 해설

세례, 견진, 성체 성사는 그리스도교 '입문 성사'入門聖事로서 원래 한꺼번에 베풀던 성사였습니다. 즉 이 세 가지 성사는 예비 신자를 그리스도교에 받아들이는 성사로 따로따로가 아닌 같은 날에 다 같이 집전되던 성격의 것이었습니다. 하지만 이 성사들은 역사 안에서 많은 변화를 거쳐 오늘날에는 일반적으로 세례와 성체 성사가 먼저 베풀어지고, 견진 성사는 후에 베풀어지는 방식을 취하게 되었습니다.

세례 성사란?

세례 성사洗禮聖事란 교회의 7성사 중 가장 처음에 받는 성사로서, 물로 씻는 예절을 통하여 하느님의 은총으로 인간의 원죄를 없애 주는 성사입니다. 세례자는 이 성사를 통해 하느님의 초자연적인 생명으로 다시 태어나 하느님의 자녀가 되고 그리스도의 공동체인 교회의 일원이 되는 것입니다. 『가톨릭교회교리서』는 세례 성사를 정의하면서, 모든 그리스도교 생활의 기초가 되는 이 성사로 세례자는 다른 성사를 받을 수 있게 되며 성령 안에 사는 삶을 시작하게 된다고 설명하고 있습니다.

세례 성사는 그리스도교 생활 전체의 기초이며, 성령 안에 사는 삶으로 들어가는 문이며, 다른 성사들로 가는 길을 여는 문이다. 우리는 세례를 통하여 죄에서 해방되어 하느님의 자녀로 다시 태어나며, 그리스도의 지체가 되어 교회 안에서 한 몸을 이루어 그 사명에 참여하게 된다. "세례는 물로써 그리고 말씀으로 다시 태어나는 성사다."(1213항)

세례 성사의 제정

구약에서부터 세례에 대한 예표들을 찾아볼 수 있습니다. 하느님의 영이 물 위를 감돌고 있었다는 창세기 1,2의 말씀, 몇몇 사람만이 (대홍수 가운데서) 물로 구원을 받은 노아의 방주, 이스라엘이 홍해를 건너 종살이에서 해방된 출애급사건, 이스라엘 백성이 요르단 강을 건넘으로써 약속의 땅으로 들어간 일 등이 그것입니다. 이러한 구약의 모든 예표는 예수 그리스도 안에서 성취되었습니다. 예수님께서는 세례자 요한에게 요르단 강에서 세례를 받으셨습니다.

예수님께서는 세례를 받으시고 곧 물에서 올라오셨다. 그때 그분께 하늘이 열렸다. 그분께서는 하느님의 영이 비둘기처럼 당신 위로 내려오시는 것을 보셨다. 그리고 하늘에서 이렇게 말하는 소리가 들려왔다. "이는 내가 사랑하는 아들, 내 마음에 드는 아들이다."(마태 3,16-17)

세례를 받으신 예수님께서는 공생활을 시작하시면서 친히 세례를 베푸셨습니다. 공관 복음서에는 없고 요한 복음서(3,22-30)에만 전해 오고 있지만 당신 친히 사람들에게 세례를 베푸셨다는 것은 분명합니다. 그리고 부활하신 예수님께서는 사도들에게 사명을 주셨습니다.

나는 하늘과 땅의 모든 권한을 받았다. 그러므로 너희는 가서 모든 민족들을 제자로 삼아, 아버지와 아들과 성령의 이름으로 세례를 주고, 내가 너희에게 명령한 모든 것을 가르쳐 지키게 하여라. 보라, 내가 세상 끝 날까지 언제나 너희와 함께 있겠다.(마태 28,18-20)

예수님 이전에도 세례는 있었습니다. "회개하여라. 하늘나라가 가까이 왔다."(요한 3,2). 죄인들에게 죄사함의 세례를 베푼 요한의 세례가 대표적이지요. 하지만 예수님께서는 기존의 세례와는 다른 새로운 세례를 세우시고 그 세례를 베풀라고 명하셨습니다.

세례 성사의 효과

『가톨릭교회교리서』는 세례 성사의 효과에 대해 크게 세 가지로 언급하고 있습니다. 즉 세례를 받는 사람은 죄를 용서받고, 새사람이 되며, 그리스도의 몸인 교회와 한 몸이 된다는 것입니다. 새 사람이 된다는 것은 세례를 받는 사람이 하느님의 자녀, 그리스도의 지체, 그리스도와 공동 상속자, 성령의 성전이 된다는 것입니다.

세례의 효과 또는 세례의 은총은 풍요로운 것이다. 이 은총으로 세례 받은 사람은 원죄와 모든 본죄를 용서받고, 성부의 양자, 그리스도의 지체, 성령의 성전이 되어 새롭게 태어난다. 그 결과 그리스도의 몸인 교회와 한 몸이 되고, 그리스도의 사제직에 참여한다.(1279항)

성화의 은총

『가톨릭교회교리서』에 따르면, 세례로써 새사람이 되는 것은 하느님께서 세례 받은 사람에게 성화聖化하는 은총, 곧 의화義化하는 은총을 주시기 때문인데, 그리스도인의 초자연적인 삶 전체가 세례에 뿌리를 두고 있습니다.

> 성화 은총은
> - 향주덕向主德을 통하여 하느님을 믿고, 하느님께 바라고, 하느님을 사랑할 수 있게 하며,
> - 성령의 은혜를 통하여, 성령의 이끄심에 따라 살고 행동할 수 있게 하며,
> - 윤리덕을 통하여 선이 성장하도록 해 준다.(1266항)

세례 성사의 집전자

세례 성사는 누가 베풀 수 있는 것일까요? 비상 세례가 아니라면 신부님만 세례를 줄 수 있다고 생각하는 분이 많겠지요. 하지만 우리 교회는 세례의 일반적인 집전자는 '주교'와 '사제'이지만 신자가 아닌 사람까지도 세례를 베풀 수 있다고 가르칩니다. 『가톨릭교회교리서』는 합당한 의향

을 지니고 세례 양식문을 읽으면 누구나 세례를 줄 수 있다고 밝히고 있습니다.

> 세례의 일반적인 집전자는 주교와 사제이며, 라틴 교회에서는 부제도 집전한다. 부득이한 경우에는 모든 사람이, 세례를 받지 않은 사람까지도, 세례 집전에 합당한 의향을 지니고 있는 경우, 성삼위의 이름이 명시된 세례 양식문을 사용하여 세례를 줄 수 있다. 합당한 의향이란 교회가 세례를 주면서 행하고자 하는 것을 하겠다는 것이다. 교회는 비신자라도 세례를 줄 수 있는 근거를 보편적 구원을 원하시는 하느님의 의지와 구원을 위한 세례의 필요성에서 찾는다.(1256항)

즉 전쟁이나 천재지변, 혹은 사고로 죽을 위험이 있는 사람이 세례 받기를 원하는 경우, 자신에게 세례를 줄 마땅한 사람이 없다면, 곁에 있는 사람에게 세례를 받을 수 있다는 것입니다. 이때 세례를 주는 사람은 아무 생각 없이 세례를 베푸는 것이 아니라 세례를 받는 사람이 이제 이 예식으로써 그리스도교 신자가 된다는 정도의 생각을 가지고 "나는 성부와 성자와 성령의 이름으로 당신에게 세례를 줍니다."

라고 하면서 물을 부으면 세례를 베풀 수 있다는 것입니다.

세례의 방법

세례의 핵심적인 예식은 삼위일체 하느님의 이름을 부르면서 예비 신자를 물에 담그거나 머리에 물을 붓는 것입니다. 구체적인 방법으로는 흐르는 물속에 잠기도록 하는 '침수'沈水, 물을 끌어와 고인 물에 잠기도록 하는 '관수'灌水, 물을 붓는 '주수'注水, 물을 뿌리는 '살수'撒水 등이 있습니다. 오늘날 우리 가톨릭교회는 일반적으로 (성부와 성자와 성령의 이름을 부를 때) 물을 이마에 조금씩 세 번 붓는 주수로 세례를 베풀고 있습니다.

세례의 인호

> 세례는 영혼에 지워지지 않는 영적 표지를 새겨 주는데, 이 인호는 세례 받은 사람이 그리스도교 예배를 드리도록 축성하여 준다. 이 인호 때문에 세례는 다시 받을 수 없다.(『가톨릭교회교리서』 1280항)

세례의 '인호' 印號란 세례가 유효하게 집전되었을 때 부여되는, 소멸되지 않는 표지를 말합니다. 이는 박해시대에 배교한 사람이 회개하여 다시 신앙 생활을 하고자 할 때, 그에게 다시 세례를 베풀어야 할지 논의하는 과정에서 나온 교리입니다. 교회는 세례 때 없어지지 않는 표지를 하느님으로부터 받았으니 배교자도 다시 세례를 받지 않고 고해성사만 보면 된다는 결론에 도달한 것이지요. 따라서 어떤 성사에, 구체적으로 세례, 견진, 성품 성사에 인호가 주어진다는 것은 그 성사가 한 번의 집전으로 충분한 것이고 재생의 필요가 없는 성사임을 말합니다. 그렇다면 성체, 고해, 병자, 혼인 성사는 인호가 주어지지 않으니 되풀이해서 받을 수 있는 성사인 것이지요.

견진 성사란?

'견진 성사' 堅振聖事는 세례를 받은 신자가 받는 성사로서, 주교의 '안수' 按手와 축성 성유의 '도유' 塗油를 통해서 성령의 은혜가 주어지는 성사입니다. 견진 성사를 통해서 세례로 태어난 하느님의 자녀들은 신앙적 용기와 영적인 성장을 이끌어낼 수 있게 됩니다. 즉 견진 성사는 세례 받은 사람을 성숙한 그리스도 신자가 되도록 이끌어 주고, 교회의 완전한 일원이 되게 합니다.

안수와 도유가 견진을 구성하는 요소인데, 여기서 서방 교회는 견진의 본질적 요소를 안수로 보는 반면, 동방 교회는 도유를 그 본질적 요소로 간주하는 경향을 보였습니다. 그러다가 시대가 흘러 서방 교회도 도유를 본질적인 요소로 취급하게 되었습니다.

견진 성사도 세례 성사처럼 영혼에 지워지지 않는 영적 표지인 '인호'를 새겨 주기 때문에 단 한 번만 베풀어집니다.

견진 성사의 제정과 변천

견진 성사는 전통적으로 성경 말씀에 따라 설정된 것으로 여깁니다. 그 말씀은 사마리아 사람들이 필립보의 선교로 믿고 세례를 받았으나 성령은 예루살렘으로 가던 베드로와 요한의 안수로 주어졌다는 사도행전(8,14-17)의 기록입니다. 즉 성경의 기록에 따르면, 세례 외에 성령의 내리심을 뜻하는 견진이 따로 베풀어졌다는 것입니다.

세례와 견진을 분리해서 볼 수 있는 또 하나의 예를 들자면, 그것은 예수님께서 받으신 세례와 세례 외에 성령께서 내리신 일입니다. 즉 예수님께서는 처음부터 성령의 충만 안에 사셨던 분이셨지만 세례 때 성령께서 특별하게 내리셨고, 그분께 메시아적 사명에 따를 수 있는 특별한 능력을 받으셨다는 것입니다. 이러한 예들을 근거로 교회는 훗날 세례 외에 견진을 독립해서 성사로 선포한 것입니다.

하지만 세례와 견진은 처음부터 교회 내에서 뚜렷하게 구별되어 베풀어지지 않았습니다. 즉 세례 성사와 견진 성사의 구분 없이 하나의 전례 안에서 베풀어졌던 것입니다. 3세기부터 세례를 보충하는 성사에 대한 증언이 교부들의 편지와 저서에서 발견되고, 4-5세기의 교부들도 견진 성사의 성사성을 증언하였는데, 세례 후에 안수로 성령을 받게 하고, 도유로 그 세례자의 입문을 완성하는 의식이 있었다는 기록이 있습니다. 이후 입문의 마지막 예절인 안수와 도유의 집전을 주교에게 위임하기 시작했고, 이에 따라 견진은 본격적으로 세례와 분리되어 베풀어지게 되었습니다.

이렇게 하여 견진은 그 후 완전한 예절을 갖춘 별개의 성사로 받아들여지게 되었고, 12세기의 신학자들은 견진 성사를 세례 성사 다음에 오는 은총의 유효한 표징으로 중시하게 되었습니다. 견진 성사에 대한 교의는 1274년 리옹 공의회에서 정립되었습니다.

견진 성사의 집전자

서방 교회의 경우, 유아 세례 후 7-12살이 되었을 때 '세례의 완성' 으로 (주교를 통해) 견진이 베풀어졌습니다. 그러다가 주교가 가기 힘든 시골 성당, 유아 질병으로 인한 사망 등이 문제가 되면서 견진이 차츰 (세례의 완성이 아니라) 세례와 분리된 독자적 성사로 인식되게 되었습니다. 유아 세례와 견진 성사가 따로 베풀어진 것입니다.

서방 교회는 주교가 견진을 집전하였으나, 동방 교회에서는 신부도 견진을 집전하였습니다. 후에 성령 강림을 강조하면서 견진과 세례는 신학적으로도 완전히 분리되게 됩니다.

견진 성사의 수령자

『가톨릭교회교리서』는 견진 성사와 성체 성사 없이도 세례 성사는 유효하고 효과가 있는 것이지만, 세례 성사와 견진 성사와 성체 성사는 일체를 이루는 것이고, 견진 성사 없이 그리스도교 입문은 아직 미완성 상태로 남아 있기 때문에 "신자들은 적절한 시기에 이 성사를 받을 의무가 있다." (1306항)라고 강조하면서 다음과 같이 가르치고 있습니다.

견진 성사를 받으려면 은총의 상태에 있어야 한다. 그러므로 성령의 선물을 받을 수 있도록 정화하기 위해 고해 성사를 받는 것이 마땅하다. 더욱 간절한 기도로써 온순한 마음으로 스스로를 온전히 내어 맡기면서 성령의 힘과 은총을 받고자 준비하여야 한다.(1310항)

견진 성사의 효과

『가톨릭교회교리서』는 "견진 성사는 세례 성사의 은총을 증가시키고 심화시킨다."고 하면서 다음과 같은 효과를 낸다고 설명하고 있습니다.

- 우리가 하느님의 자녀로서 더욱더 뿌리 내려 하느님을 "아빠! 아버지!"(로마 8,15)라고 부르게 한다.
- 우리를 그리스도와 더욱 굳게 결합시킨다.
- 우리 안에 성령의 선물을 증대시킨다.
- 우리와 교회의 결합을 더욱 완전하게 한다.
- 성령의 특별한 힘을 받아 그리스도의 참된 증인으로서 말과 행동으로 신앙을 전파하고 옹호하며, 그리스도의 이름

을 용감히 고백하고, 십자가를 부끄럽게 여기지 않도록 해 준다.(1303항)

세례자는 견진 성사를 받음으로써 자신이 세례를 받은 것에 대해서 "예"라고 긍정하는 응답을 드리고, 인간으로서 또 그리스도인으로서의 자신의 소명에 따라서 살아갈 은혜를 얻게 됩니다. 견진자는 성령을 통해 그리스도와 더 긴밀히 결합되고 교회의 더 철저한 일원이 됩니다. 세례가 이미 세례자에게 성령을 선사하였다면, 견진은 내면적인 성장과 새로운 힘과 삶의 에너지와 감동을 줄 수 있습니다.

견진 성사의 의미

견진 성사는 교회를 통해 전해오는 '하느님과 인간 간의 대화적인 사건' 이고, 인간에 대한 하느님의 '새로운 은총의 부르심' 으로, 이는 인간이 그분의 영에 이끌려 응답할 수 있고, 응답해야 하는 그런 사건이고 부르심입니다.

오늘날의 신학은 다음 세 가지 경향에서 견진 성사의 의미를 찾습니다.

먼저 '그리스도론적인 경향' 입니다. 견진 성사를 받는 사람은 스승과 목자와 사제로서의 그리스도와 은총으로 밀접하게 결합하게 된다는 것입니다.

다음으로 '교회론적인 경향' 입니다. 성령의 활동 영역인 교회는 견진 성사를 통해 자신의 사명과 밀접한 관련을 맺게 된다는 것입니다.

끝으로 '개별 인간학적인 경향' 입니다. 견진 성사를 받는 사람은 (특히 유아 세례를 받은 경우) 자신의 세례를 자유로운 결정으로 받아들일 수 있는 기회를 성령의 선물로 받아들이게 되고, 자신의 동의 없이 받은 세례를 견진 성사를 통해 새로이 수락함으로써 그리스도인으로서의 새롭고 성숙한 사명을 지니게 된다는 것입니다.

성체 성사란?

성체 성사聖體聖事는 7성사 가운데 가장 핵심이고 중심이 되는 성사로서, 교회의 사제가 그리스도의 말씀으로 빵과 포도주를 축성하여 예수 그리스도의 몸과 피로 변화시키고, 신자들에게 영성체를 통해 그리스도와의 일치를 이루게 하는 성사입니다.

성체 성사의 제정과 변천

예수님께서는 최후의 반찬 때 빵과 잔을 들고 감사의 기도를 드리시고 새로운 성찬례를 친히 제정하시고, 제자들이 이를 계속하기를 명하셨습니다.

성체 성사를 통하여 하느님은 인간에게 은총을 주십니다. 성사 안에서 그리스도 자신과 그리스도의 구원 활동의 열매인 하느님의 은총이 인간에게 주어지는 것입니다.

1세기부터 널리 쓰인 성체 성사의 이름은 '에우카리스티아' Eucharistia였는데, 이는 감사의 기도, 감사를 표함, 감사의 말을 뜻합니다.(그리스어 eucharistein이 '감사를 드린다'의 의미를 지니고 있습니다.)

사도시대에 성체 성사는 '빵을 나눔', 다른 한편으로는 '주님의 식사'로 불렸습니다.

'미사' Missa는 6세기부터 불리어진 성체 성사의 이름으로서 라틴어 "이테, 미사 에스트" Ite, Missa est 가시오, 여러분은 파견되었습니다에서 나왔습니다.

'미사Missa 성제聖祭'는 '미사'보다 약간 뒤에 불리어진 성체 성사의 이름으로서 미사의 봉헌적 특성을 강조하는 이름입니다.(대부분의 개신교회에서는 '제대의 성사'라는 개념을 부정하고 있습니다. 개신교에 의하면 유일한 제사는 십자가상의 제사뿐이기 때문입니다). 오래된 표현으로 오늘날 새롭게 쓰이는 이름은 '주님의 식사'라는 표현이 있습니다.

성체 성사의 유대교적, 성경적 배경

이스라엘 사람들은 식구끼리 식탁에 둘러앉아 음식을 나누는 것에 관심을 가졌습니다. 인간 생활에 큰 의미를 가진 식사의 기능이 인생 문제와 종교 차원으로까지 발전되었습니다. 하느님을 경배하는 공동체적 식사는 음식을 마련해 주신 하느님께 대한 절대적 의존 관계를 상기시켜 주는 동시에 인간은 세상의 음식으로만은 못 산다는 원칙을 깨닫게 해 줍니다.

'먹는다는 것'(제사 때의 음복)은 대상과 하나가 되는 것입니다. 그리고 '본다는 것' '듣는다는 것'은 거리를 두는 것이지만, '먹는다는 것'은 거리를 없애는 것입니다. 이러한 의미에서 성체 성사에서 '먹는다는 것'은 음식만이 아니라 '지식과 말씀'까지 자신의 것으로 만드는 정신적인 행위를 뜻합니다.

구약에서는 일찍부터 '빵과 말씀의 친밀한 관계'가 강조되었습니다. 식사가 하느님을 경배하는 제례의식의 역할을 맡게 되었는데, 이스라엘 사람들은 예식 안에서 하느님으로부터 음식을 받아먹음으로써 하느님과의 의존 관계를 느끼면서 하느님의 말씀을 받아들일 마음자세를 가다듬었던 것입니다.

구약시대의 제사들

구약시대에는 다음과 같이 여러 형식의 제사들이 있었습니다.

- 번제燔祭 Olah: 제물 전체를 불살라 바치는 제사. 제물의 일부라도 사제에게는 돌아오지 않음. 완벽한 제사, 완벽한 봉헌, 속죄의 제사로 여겨짐
- 민나素祭 Minchah: 누룩 없는 반죽으로 만든 빵 · 기름 · 향 등 식물로 된 제물을 바치는 제사
- 합일 제사: 희생물짐승을 세 부분으로 나누어 야훼 · 사제 · 봉헌자와 손님과 나누는 제사. 경우에 따라 토다Todah 누룩없는 과자, 빵라는 찬미의 제사가 덧붙여짐찬미와 감사의 의미 추가, 구약시대는 이 제사에 편중. 합일 제사는 하느님과 친교를 이루는 종교적 식사였지만, 하느님과 식사를 나누는 예식으로 이해된 것은 아님
- 토다: 감사제의 원형이라 할 수 있는 제사. 구원에 대한 감사, 고백으로서의 토다가 예수시대에 크게 발전, 최후 만찬 이해에 결정적인 역할을 하게 됨
- 속죄의 제사: 죄(의 용서)를 위한 제사, 보상의 제사

신약 성경은 제사의 개념하느님과의 상봉, 존경의 표시, 구원의 고백을 이용하여 예수님의 죽음을 이해하고자 하였습니다.

예수시대 제사제도와 식탁 풍습

초대교회는 예수님의 성찬을 축복 자체보다도 '감사' Eucharistia에 역점을 두었으며, 예수님께서 거행하신 최후 만찬은 '제사성을 띤 토다'로 이해되었습니다. 예수님께서 세우신 성체 성사는 찬미와 감사의 빵을 나눔으로써 이루어집니다. 이를 잘 표현한 개념이 '사랑의 나눔'입니다. 사랑을 나누는 성체 성사적인 삶이 중요한 것입니다.

성령청원 기도문

〈성령청원 기도문〉 혹은 〈성령강하 호소문〉Epiclesis은 성사 중에 사제가 바치는 신적인 은총의 힘의 임재를 비는 기도로서 사도들의 전통에 의하면 아주 간단하였으나, 후에 동방 교회에서는 장황하게, 서방에서는 간략하게 바쳐졌습니다. 미사 중의 〈성령청원 기도문〉으로는 〈성찬의 전례 감사 기도 제2양식〉의 예를 들자면 "거룩하신 아버지, 아버지께서는 모든 거룩함의 샘이시옵니다. 간구하오니, 성령의 힘으로 이 예물을 거룩하게 하시어 우리 주 예수 그리스도의 몸과 피가 되게 하소서."라는 부분입니다.

〈성찬의 전례 감사 기도〉 네 가지 양식

오늘날 교회에서 가끔씩 사용하는 장엄한 내용의 〈성찬의 전례 감사 기도〉 제1양식은 7세기 그레고리오 전례 개혁에서 나온 것입니다. 제2, 3, 4 양식은 제2차 바티칸 공의회의 결실로 나온 것인데, 〈성령청원 기도문〉이 삽입되어 있습니다.

성변화 논쟁

14세기에 동·서방 교회 간에 성변화聖變化 시기 문제로 논쟁이 있었습니다. '빵과 포도주가 언제 무엇에 의해 주님의 몸과 피가 되는가?' 에 대한 양 교회의 주장은 다음과 같이 요약됩니다.

- 서방 교회: ('이것은 내 몸이다' '내 피다' 라는 성찬 제정에 관한) '주님의 말씀' 만이 성찬례의 변화를 일으키는 힘이다.
- 동방 교회: 변화의 힘은 (제물 위에 성령의 임재를 비는)

'에피클레시스' Epiclesis 성령청원 기도문와 (이는 내 몸과 피라는) 주님의 '성찬 설정 말씀'이다.

- 동방 교회의 어떤 학자들: (제물 위에 성령의 임재를 비는) '에피클레시스'만을 통해 성변화가 이루어진다.

무효병

"성찬례에 쓰이는 제병을 무엇으로 만들 것인가?"에 대해 서방 교회와 동방 교회는 서로 다른 입장을 보입니다.

- 서방 교회: 구약의 영향을 받아 (누룩을 넣어 발효시키지 않은 떡인) 무효병無酵餠을 사용(피렌체 공의회에서 이 관례를 인정하나, 성체 성사의 유효성과는 무관하다고 함)
- 동방 교회: 무효병은 유대교의 제례 예식에 쓰이던 '얼이 없는 빵'이라는 이유로 사용 않고, 누룩 넣은 빵을 사용

양형 영성체

주님의 몸과 피를 모시는 영성체 방법에 있어서도 서방 교회와 동방 교회는 차이를 보입니다. 서방 교회는 일반적으로 성체만 모시는 반면에, 동방 교회는 성체와 성혈을 함

께 모십니다. 하지만 서방 교회는 사목적인 이유로 성체만 모시는 것이지 '양형 영성체'兩形領聖體가 가장 완전한 영성체 형태라는 입장입니다.

그리스도께서 성체의 두 가지 형상 안에 각각 성사적으로 현존하시기 때문에, 빵의 형상으로만 하는 영성체로도 성체성사 은총의 모든 열매를 받을 수 있다. 라틴 교회에서는 사목적인 이유로 이것이 가장 일반적인 영성체 방법으로 합법적으로 확립되었다. 그러나 "양형 영성체는 표징이라는 이유에서 가장 완전한 영성체 형태이다. 양형 영성체로써 성찬聖餐의 표징이 가장 완전하게 나타나기 때문이다." 이것이 동방 예법의 통상적 영성체 형태이다.(『가톨릭교회교리서』 1390항)

/4
영원한 생명의 성체 성사

영생으로의 초대

영원한 생명에 대한 바람은 인간이면 누구나 당연히 갖는 희망일 것입니다. 영생永生에 대한 인간의 이러한 희망은 인간이 사는 현실 세계의 영역을 넘어서는 것으로 자신의 생명의 원천인 하느님께 근거를 두고 있습니다.

하느님께서는 우리에게 영원한 생명을 주시기 위해서, 당신의 생명을 우리에게 나누어 주시기 위해서 당신의 외아들 예수 그리스도를 우리에게 보내 주셨습니다. 인간의 구원을 위하여 십자가의 죽음을 기꺼이 받아들이신 예수 그리스도께서는 당신이 세우신 성체 성사를 통해 우리를 영원한 생명을 향하는 복된 삶으로 초대하십니다. 즉 그분께서는 당신의 몸과 피를 우리에게 내어 주시고, 그를 모시는 우리가 당신의 생명으로 살아가기를 바라십니다. 곧 그분은 성체 성사를 통해서 우리를 당신이 주시는 영원한 생명으로 불러주시고 키워주고자 하십니다. 그러기에 우리는 "주님께서는 성체 성사를 통해서 우리를 구원하고자 하신다."라고 합당히 고백할 수 있습니다.

영원한 생명의 원천

먹고 마시는 것은 인간이 생존을 위해 행하는 자명한 활동들이고, 또 그 생명을 유지하고 강화하는 일입니다. 이렇듯 주님의 살과 피를 먹고 마시는 성체 성사의 목적도 무엇보다 우리 인간을 위한 영원한 생명을 키워주는 데 있습니다.

> 나는 생명의 빵이다. …… 나는 하늘에서 내려온 살아 있는 빵이다. 누구든지 이 빵을 먹으면 영원히 살 것이다. 내가 줄 빵은 세상에 생명을 주는 나의 살이다.(요한 6,48-51)

예수 그리스도께서는 당신이 생명의 빵이라고 소개하시면서, 당신의 살을 먹는 사람은 당신으로 인해 영원한 생명을 얻을 것이고 당신과 하나가 될 것이라고 말씀하셨습니다.

> 내 살을 먹고 내 피를 마시는 사람은 영원한 생명을 얻고, 나도 마지막 날에 그를 다시 살릴 것이다. 내 살은 참된 양식이

> 고 내 피는 참된 음료이다. 내 살을 먹고 내 피를 마시는 사람은 내 안에 머무르고, 나도 그 사람 안에 머무른다.(요한 6,54-56)

성찬례에서 주 예수 그리스도께서는 우리를 당신 식탁의 친구로 삼으실 뿐만 아니라 당신 자신을 영혼의 양식으로 내어 주심으로써 우리가 당신 안에서 살게 하십니다. 이렇게 예수 그리스도께서 세우신 성체 성사는 생명의 성사이니, 우리는 성체 성사를 통하여 영원한 생명을 주시는 그리스도와 일치하게 됩니다. 『가톨릭교회교리서』는 이를 분명하게 선언하고 있습니다.

> 우리는 성찬례를 거행함으로써 이미 천상 전례와 결합되며, '하느님께서 모든 것 안에서 모든 것'(1코린 15,28)이 되실 그 때의 영원한 생명을 미리 맛보는 것입니다.(1326항)

구원의 성사

우리의 구원은 영원한 생명에 있으며, 그 구원은 하느님에게서만 옵니다. 그러면서 우리가 "구원은 성사를 통하여서도 온다."라고 할 수 있는 것은 구원을 베푸시는 하느님께서 성사를 통하여서도 구원을 위한 은총을 베푸시기 때문입니다. 그러기에 교회는 우리의 구원을 위하여 성사가 필요하다고 선언합니다.

- 성사는 그리스도께서 세우시고 교회에 맡기신 은총의 유효한 표징들로서, 이 표징들을 통하여 하느님의 생명이 우리에게 베풀어지기 때문입니다.(『가톨릭교회교리서』 1131항)
- 교회는 …… 그리스도의 성사들 안에서 자신의 상속에 대한 보증을 받으며, 이미 영원한 생명에 참여하고 있는 것이다.(『가톨릭교회교리서』 1130항)

성사 중의 성사를 이루는 미사성제는 우리를 위한 구원이 이루어지는 은총의 자리이고, 나아가 하느님 안에서 완성될 미래의 나라를 위한 준비이며 축제입니다. 미사에서 이루어지는 성체성사를 통해서 주님은 우리와 함께 계십니다. 우리와 맺으시는 구원의 계약을 이루기 위해, 그리고 우리를 성부와 화해시키기 위해, 주님께서는 우리 가까이 빵과 포도주의 모습으로 살아 계십니다. 그래서 전 세계의 교회에서 매일 바쳐지는 미사성제는 우리 그리스도인과 교회 공동체에게 생명의 원천이 되고 중심이 됩니다. 우리는 우리 생명의 원천인 성체 성사를 모심으로써, 우리의 죄를 용서해 주시고 우리를 구원으로 이끄시는 주님의 사랑을 체험하고, 우리 서로가 하나 되어 주님께 나아가며, 마침내 사랑의 주님과 하나가 될 수 있습니다.

"우리가 떼는 빵은 그리스도의 몸에 동참하는 것이 아닙니까?"(1코린 10,16)라는 성경말씀대로 성찬례의 의미는 우리의 구원자 그리스도의 몸을 함께 나누는 데 있습니다. 즉 우리는 생명을 주시는 구원자이신 그리스도의 몸을 나눔으로써 그분이 주시는 생명을 받아 누리게 되는 것입니다.

성체 성사가 구원의 성사인 것은 다양하게 교회 안에 현존하시는 그리스도 예수님, "돌아가셨을 뿐만 아니라 다시 살아나셔서 하느님 오른 편에 앉아 우리를 위하여 대신 간구해 주시는 그리스도 예수"(로마 8,34)께서 특히 성체의 형상 안에 현존하시기 때문입니다. 성체 성사 안에 현존하시는 그리스도께서는 우리를 하느님과 화해시켜 구원하시고자 사람이 되셨던 분이십니다. 사람이 되셨던 그분은 죄를 용서하는 일들을 행하셨는데, 이러한 일들이 바로 당신께서 구원자 하느님이심을 드러내고 있습니다. 베네딕토

16세 교황님은 권고 「사랑의 성사」에서 이러한 관점에서 성체 성사를 다음과 같이 설명하였습니다.

> 그리스도께서 파스카 식사를 통하여 우리에게 당신을 내어 주시는 빵과 포도주 안에서, 그리고 그 형상 아래(루카 22,14-20; 1코린 11,23-26 참조) 하느님 생명 전체가 우리를 만나러 오며 우리는 그 생명에 성사적으로 동참합니다.(8항)

죄사함의 성사

교회가 베푸는 성사들은 하느님께서 우리에게 주시는 죄의 용서에 대한 표징을 내포하고 있습니다. 하느님의 은총을 우리에게 중재하고, 하느님께 은총을 청하는 우리의 기도를 가져가는 것, 이러한 일이 성사 안에서 이루어집니다. 곧 하느님께서는 성사들을 통해 인간에게 구원과 화해의 은총을 선사하십니다. 고해 성사만이 아니라 성체 성사도 참으로 '화해와 구원의 성사'입니다. 하느님과 인간과의 화해가 그리스도의 십자가상의 제사를 기념하고 재현하는 성찬례를 통하여 계속되고 있기 때문입니다. 『가톨릭교회교리서』는 성찬례가 "십자가의 희생 제사를 재현현재화하고 이를 기념하며 그 결과를 실제로 적용시키기 때문에 희생 제사"(1366항)라고 하면서, 그 효과는 '죄의 용서'에 있다는 트리엔트 공의회의 다음 의결 사항을 인용하고 있습니다.

> 우리 하느님이시며 주님이신 그리스도께서는, 사람들을 위해 영원한 구속을 실현하시려고 십자가의 제단 위에서 중개자로서 돌아가심으로써, 당신 자신을 단 한 번 하느님 아버지께 바치셨다. 그러나 그분의 죽음으로 그 사제직이 끝나서는 안 되었으므로(히브 7,24.27), "잡히시던 날 밤"(1코린 11,23) 최후 만찬에서 사랑하는 당신 신부인 교회에게 (인간의 본성이 요구하는) 눈에 보이는 제사를 남겨 주고자 하셨다. 그 제사에서는 십자가 위에서 단 한 번 이루어진 피의 제사가 재현될 것이며, 그 기념이 세상 끝 날까지 계속될 것이고, 그 구원적 효과는 우리가 날마다 저지르는 죄의 용서에 적용될 것이었다.(제22회기, 미사성제에 관한 교리, c. 1)

성체 성사가 우리 '죄사함의 성사'가 되는 이유는 무엇일까요? 그것은 결국 우리 구원을 위해 십자가 위에서 자신을 바치신 그리스도께서 '그 마음을 그대로 간직하신 채 성체 성사 안에 현존' 하시기 때문입니다. 이에 2014년에 시성諡聖되신 요한 바오로 2세 교황님께서는 신자들에게 자신이 범한 죄의 용서를 비는 마음으로 성체 성사에 참여할 것을 독려하셨습니다. 다음 교회의 호소에 주목합시다.

> 교회와 세상은 마땅히 성체를 공경해야 합니다. 예수님께서는 이 사랑의 성사 안에서 우리를 기다리고 계십니다. 흠숭 안에서, 신앙으로 충만하며, 중대한 잘못과 세상의 죄를 속죄하겠다는 열린 마음으로 드리는 묵상 안에서 예수님을 만나러 가는 시간을 거부하지 맙시다. 우리의 흠숭이 중단되어서는 결코 안 됩니다.(『가톨릭교회교리서』 1380항)

죄를 용서하여 주시는 성령

"성령을 받아라. 너희가 누구의 죄든지 용서해 주면 그가 용서를 받을 것이고, 그대로 두면 그대로 남아 있을 것이다."(요한 20,22-23). 하느님만이 베푸실 수 있는 죄의 용서는 성령의 활동 안에서 이루어집니다. 예수 그리스도께서는 '우리 죄의 용서를 위해' 성령을 보내 주신 것입니다. 우리 마음의 '참된 회심과 회개' 를 가능하게 하시는 분이 성령이시니, 인간은 성령 안에서의 회개를 통하여 자신을 열고 '용서와 죄의 사함'을 받아들일 수 있게 됩니다. 이렇듯 성령께서는 인간의 양심을 활동하게 하는 분이시고, 가장 내밀한 '죄사함의 중개자'이십니다.(교황 요한 바오로 2세 회칙 「생명을 주시는 주님」 40항). 인간은 성령을 통하여 하느님의 용서를 받아들임으로써 죄의 용서를 받게 됩니다. 이러한 의미에서 "성령을 모독하는 말을 하는 자는 용서받지 못할 것이다."(루카 12,10)라는 '성령에 대한 모독죄'는 바로 '성령께서 베푸시는 용서를 받아들이지 않고 거부하는 것'이라는 말씀이 아닐까요?

죄로부터 보호해 주는 영성체

영성체는 우리 일상 생활에서 약해져 가는 사랑을 북돋아 주고, 죄에서 정화하고 죄로부터 보호해 주며, 그로써 그리스도와의 관계를 지속하게 해 줍니다. 1967년에 발표된 「성체신비 공경에 관한 훈령」은 성체 성사를 '은총恩寵의 보고寶庫'로 제시하며 신자들이 일상 생활 중에 성체 성사적인 삶을 살아갈 것을 권고하였습니다. 그러면서 훈령은 영성체가 일상의 허물과 범죄에서 우리를 지켜주는 역할을 한다고 강조하였습니다. 같은 맥락에서 『가톨릭교회교리서』

는 육체의 음식이 잃어버린 기력을 회복시키듯이 성체는 일상 생활에서 약해져 가는 사랑을 북돋아 주는 것이고, 이처럼 생기를 되찾은 사랑은 소죄를 없애 준다고 설명하면서 이렇게 단언하고 있습니다.

- 성체 성사는 우리 안에서 불러일으키는 그 사랑으로 우리를 미래의 죽을죄에서 보호한다. 우리가 그리스도의 생명에 참여하면 할수록, 그리스도와 우정이 깊어지면 깊어질수록, 죽을죄를 지어 그분과 관계를 단절하기는 어렵게 된다.(1395항)
- 영성체로 받아 모시는 그리스도의 몸은 '우리를 위해 내어주신' 것이며, 우리가 마시는 피는 '죄를 용서해 주려고 많은 사람을 위하여 흘리신' 것이다. 그러므로 성체 성사는 우리를 그리스도와 결합시키는 동시에, 우리가 전에 지은 죄를 정화하고 앞으로 죄를 짓지 않도록 우리를 지켜준다.(1393항)

「성체신비 공경에 관한 훈령」1967 38항에 따르면, 우리가 "사랑을 실천하는 산 신앙으로 영성체를 하기만 한다면, 성사적이며 영신적으로 주의 성체와 성혈에 참여하는 것이므로 성령의 은혜는 생명수같이 각 사람에게 충만히 흘러내리는 것입니다."(요한 7,37-39 참조)

교회 생활의 원천

그리스도께서는 성체 성사 안에서 지극히 숭고한 방식으로 당신 교회 안에 현존하십니다. 성체 성사는 '그리스도교 생활 전체의 원천이며 정점'으로서 그 안에 '교회의 모든 영적 선이 내포'되어 있습니다.(「교회 헌장」Lumen Gentium 11항). 이를 제2차 바티칸 공의회의 「사제의 생활과 교역에 관한 교령」은 다음의 표현으로 강조하고 있습니다.

> 실제로, 지극히 거룩한 성체 안에 교회의 영적 전 재산이 내포되어 있다. 즉 우리의 '파스카'이시며 생명을 주는 빵이신 그리스도 자신이 그 안에 계신다. 그리스도의 살은 성령 안에서 생명을 가지고 또 성령 안에서 생명을 주는 것이므로, 그리스도께서는 이 살로써 사람들에게 생명을 주시어, 사람들로 하여금 자신과 자신의 노동과 모든 피조물을 당신과 함께 봉헌하도록 부르시고 인도하신다.(5항)

성 요한 바오로 2세 교황님은 성찬례의 '놀라움' 을 되살리고자 회칙 「교회와 성체」를 발표하였습니다. 여기서 교황님은 성체 성사를 파스카 신비의 뛰어난 성사로 제시하고, 성체성사가 교회 생활의 중심에 서 있다고 강조하였습니다. 회칙에 의하면, 성체 성사 안에 계신 그리스도께서 교회에 생명을 주시니 교회를 유지하는 생명이 나오는 곳이 바로 성체 성사입니다.(6항). 따라서 성체를 공경하는 '성체 강복' '성시간' '성체 조배' 등을 우리 일상에 있어서의 주요한 신심 실천의 하나로, 또 무한한 성덕의 근원이 되는 것으로 소중하게 여겨야 합니다.

신자 공동체의 중심성사

신자들은 미사의 희생 제사에서 하느님 아버지께 신적 제물을 봉헌하고, 또한 그 제물과 더불어 자신의 삶을 바칩니다. 성체 성사는 교회 생활의 원천이고 정점이기에, 성찬례 모임은 당연히 교회의 구성원인 신자 집회의 중심이 됩니다. 제2차 바티칸 공의회는 "사제는 전례 집전으로, 자기에게 맡겨진 그리스도인 공동체가 날로 더욱 완전하게 성부와 성자와 성령이신 하느님을 찬미하도록 노력하여야 한다."(「사제교령」 5항)라고 하면서, 공동체의 정신을 기르는 교육은 미사의 거행으로써 이루어져야 함을 역설하고 있는데, 사제의 임무가 바로 이러한 공동체를 돌보는 일이라고 가르치고 있습니다.

사목자의 임무는 신자 한 사람 한 사람을 돌보는 데 국한되는 것이 아니라 또한 참된 그리스도인 공동체를 형성하는 것이 그 본래의 임무이다. …… 그리스도인 공동체는 성찬례 거행에 그 기초와 중심을 두지 않으면 결코 세워질 수 없으므로, 공동체 정신을 기르는 모든 교육은 성찬례에서 시작되어야 한다.(「사제교령」 6항)

성체 성사 안에서 우리는 영성체를 통해 당신 자신을 우리에게 생명의 원천으로 내어 주시는 구세주의 몸을 모시게 됩니다. 주님께서 다시 오시는 그날까지 교회는 성찬례를 계속 거행할 것이며, 그를 통해 우리는 주님의 죽음과 부활에서 샘솟는 영원한 생명과 구원을 길어내게 될 것입니다. 늘 기쁜 마음으로 '공동체와 함께' 미사에 즐겨 참례합시다!

/5

생명을 베푸시는 성령과 성체 성사

생명의 힘이신 성령

성경에서 나타나는 성령의 표상은 '바람'風 '물'水 '불'火 등입니다. 이들은 살아 있는 모든 것들이 죽음 속으로 빠져들지 않고 살아 있게 하는, 생명의 모태가 되고 먹이가 되는 상징들입니다. 성경에서 성령은 하느님께서 세상을 창조하실 때의 '힘'力으로 그려지고 있습니다.

또한 성령은 '인간에게 생명을 베푸시는 분' 으로 이해됩니다. 인간에게 생명을 베푸심으로써 결국 인간의 구원을 이루시는 분이 성령이십니다. 인간의 '위로자' 이시고, 항상 교회 안에 계시는 '조력자' (요한 14,16 참조)이신 성령을 통하여 예수 그리스도께서는 당신의 일을 계속하십니다. 성령은 바로 예수 그리스도의 일을 하시고, 그분을 따라가는 그리스도인들을 도와주십니다. 일찍이 예수 그리스도께서는 하느님 나라에 들어가려면 세례와 성령으로 (새로이!) 거듭나야 한다고 말씀하셨습니다.(요한 3,2-5 참조). 세례를 통하여 하느님의 자녀가 되는 그리스도인은 그리스도로부터 구원을 받고 성령 안에서 새 사람이 되는 것입니다.

전례와 성사 안에서의 성령의 역할

전례는 '성령과 교회가 함께하는 일' 입니다. 교회는 '성자를 통하여, 성령 안에서, 성부께로' 드리는 전례를 통하여 하느님께 예배를 드리고, 하느님께서는 그 전례 안에서, 또한 성령을 통하여, 당신의 말씀과 은총을 선사하십니다. 성령의 능력으로 항상 교회 안에 계시는 예수 그리스도께서는 몸소 교회 안에 성사를 세우시고, 그리하여 교회가 당신의 현존을 경축하게 하십니다. 이렇게 전례와 성사 안에서 활동하시는 성령을 통하여 구원을 주는 하느님의 은총이 우리에게 선사됩니다. 『가톨릭교회교리서』는 성사들 안에서 성령의 역할을 다음과 같이 요약하고 있습니다.

> 성령께서는 그리스도 신비를 성사적으로 베푸실 때에도 구원 경륜의 다른 때와 같은 방식으로 일하신다. 성령께서는 교회가 자기 주님을 만날 수 있도록 준비시키시고, 믿는 회중에게 그리스도를 상기시키고 나타내 주시며, 당신의 변화시키는

능력을 통해서 그리스도의 신비를 현존하게 하고 실현하신다. 그리고 끝으로 친교의 성령께서는 교회를 그리스도의 생명과 사명에 결합시키신다.(1092항)

성령의 힘 안에서의 성체 성사

모든 성사의 어머니인 성체 성사는 '성령의 힘 안에서 성부께 드리는 그리스도의 봉헌이며 교회의 봉헌' 입니다. 그리스도께서 친히 성체 성사 안에서 '당신 몸과 피의 봉헌'을 이루시기 때문입니다.

성체 성사 안에서의 이러한 그리스도의 현존은 성령을 통하여 계시됩니다. 결국 성령께서 성체 성사를 통해 항상 새롭게 인간에게 오시고 선사되는 것이지요. 성체 성사를 생기있게 하고 그 성사에 생명을 주시는 분이 바로 성령이시기 때문입니다. 성령께서 내려오시기를 비는, (앞에서 살펴 본) 성찬의 전례에서의 〈성령청원 기도문〉은 이 점을 잘 드러냅니다. "성령의 힘으로 이 예물을 거룩하게 하시어 성자 그리스도의 몸과 피가 되게 하소서."라는 내용의 기도가 그것이지요. 이는 히폴리투스Hippolytus에게서 유래하는 고대교회의 기도문으로서 제2차 바티칸 공의회에서 새롭게 발견되었는데, 신학적으로는 성령에 관한 고찰에 깊이 나아갔던 동방 교회와 우리 서방 교회 간의 거리를 좁히는 역할을 했습니다. 이 기도문은 성체 성사 안에서의 성령적인 전망, 곧 '성령께서 빵과 포도주를 그리스도의 몸과 피로 변화시켜 주신다.'는 점을 분명히 하고 있습니다.

새로운 성령 강림

"성사들은 언제나 살아 계시며 생명을 주시는 그리스도의 몸에서 '나오는 힘'이요, 그리스도의 신비체인 교회 안에서 일하시는 성령의 행위입니다."(『가톨릭교회교리서』 1116항). 성체 성사가 '생명의 성사'이고 '구원의 성사'인 것은 그 안에서 활동하시는 분이 성령이시기 때문입니다. 성사 안에서 '보이지 않는 하느님의 은총이 눈에 보이는 표징을 통해서 전해지는 것'도 은총의 중재자이신 성령을 통해서이고, '빵이 그리스도의 몸으로' 또 '포도주가 그리스도의 피로' 변화되는 것도 성령을 통해서입니다.

성체 성사 안에서 그리스도께서는 성령을 통해 우리들 가운데 살아 계시고, 그 몸을 받아 모시는 우리에게 생명을 주십니다. 이러한 의미에서 성체 성사는 '성령의 새로운 강림'이며 '성령에 대한 신앙의 고백'입니다. 성체 성사는 '성령의 힘 안에서 성부께로 바쳐지는 그리스도의 봉헌이고 교회의 봉헌' 이며, 그로써 성령은 언제나 인간에게 새로이 오시기 때문입니다. 성체 성사는 '그리스도교 공동체를 위해서 성령 안에서 베풀어지는 그리스도의 성사' 이고, '성령 안에서 행해지는 교회 공동체의 축제' 입니다. 그러므로 성체 성사를 거행하는 교회의 미사는 성체 성사에 임하시는 '성령을 교회 공동체가 기쁨으로 맞이하는 축제' 로서, '삼위일체이신 하느님을 만나는 행사' 이기도 합니다.

성령의 파견을 드러내는 성체 성사

'성령의 파견' 없는 '성자의 파견' 을 생각할 수 없습니다. 예수 그리스도의 강생, 십자가, 죽음과 부활, 곧 그리스도의 사건 모두가 성령과 관계된, 성령께서 가능하게 한 실재들입니다. 그렇다면 성체 성사의 빵과 포도주도 '하느님께서 베푸시는 구원 행위를 기념하는 표지' 인 동시에 '성령의 파견을 드러내는 표지' 가 됩니다. 이러한 의미에서 성체 성사는 우리로 하여금 '성령 안에서 사랑을 나누도록 하는 성사' 입니다. 성체 성사 안에서 성령의 활동을 통하여 인간은 사랑으로 불타게 되고 굳세게 됩니다.

성체 성사는 우선 '신적인 사랑의 축제' 로서, 그 안에서 '성부와 성자와 성령 서로 간의 사랑의 나눔' 이 이루어집니다. 성체 성사는 또한 '인간적인 사랑의 축제'로서, 그 안에서 '하느님의 사랑이 인간에게 전달'되고, '인간의 사랑 또한 하느님에게 전달'됩니다. 베네딕토 16세 교황님이 2007년 2월 22일에 발표한 권고 「사랑의 성사」는 이러한 관점을 잘 드러내고 있습니다.

> 하느님께서는 성부와 성자와 성령의 완벽한 사랑의 친교이십니다. 창조 때에 이미 인간은 하느님 생명의 숨을 나누어 받도록 부름 받았습니다(창세 2,7 참조). 그러나 우리가 하느님 생명 그 깊숙한 곳까지 동참하게 되는 것은 돌아가셨다가 부활하신 그리스도 안에서, 또 한량없이 부어 주시는 성령(요한 3,34 참조) 안에서입니다. '영원한 영을 통하여 흠 없는 당신 자신을 하느님께 바치신'(히브 9,14) 예수 그리스도께서는 성찬의 선물을 통하여 우리가 하느님 생명 자체에 동참하게 하십니다.(8항)

『가톨릭교회교리서』는 성령과 관련하여 그리스도의 몸을 모시는 영성체에 대하여 다음과 같이 말하고 있습니다.

물질적 양식이 육체에 효과를 가져오는 것처럼, 영성체는 놀라운 방식으로 우리의 영적인 생명에 그 효과를 가져온다. '성령 안에서 생명을 얻고, 또 성령 안에서 생명을 주는' 부활하신 그리스도의 살을 받아먹는 영성체는 세례 성사 때 받은 은총의 생명을 보존하고 성장시키고 새롭게 한다. 이처럼 그리스도인의 생명이 성장하기 위해서는 죽을 때까지 나그넷길의 양식인 성체로 양분을 받아야 하며, 우리가 죽을 때에는 이 양식을 노자로 받게 된다.(1392항)

/6

성체 성사로 우리에게 오시는 구원의 하느님

강생하신 그리스도의 몸을 모심

성체 성사 안에서 우리가 받아 영하는 성체는 강생降生하신 그리스도의 몸입니다. 우리 사람의 구원을 위하여 사람이 되어 오신 예수 그리스도, 그분께서 우리에게 당신의 몸을 생명의 양식으로 내어 놓으신 것입니다.

'영성체'領聖體는 이러한 그리스도의 몸을 우리가 받아 모시는 행위를 말합니다. 이러한 관점에서 그리스도의 몸을 받아 모시는 영성체는 결코 생략될 수 없는 성체 성사의 한 부분이며 성찬례의 목표이고 완성입니다.

만일 우리가 주님의 성찬에 참여하면서 성체를 모시지 않는다면, 그러한 미사 참례는 불완전한 것이라 할 수밖에 없습니다. 예수님께서는 '너희는 나를 기념하여 먹고 마셔라.' 고 분명히 말씀하셨습니다. 그러므로 자신이 주님의 몸을 모시기에 너무 부당하다는 생각에서 영성체를 소홀히 해서는 안 되겠습니다. 주님의 거룩한 몸을 모시기에 결코 합당하지 않은 우리들이지만, 그럼에도 불구하고 우리는 주님의 성찬례에 초대받은 복된 사람들이기 때문입니다.

영성체를 위한 준비

성체 성사의 높은 품위는 그 성사의 수령자에게 그에 상응하는 준비를 요구합니다. "그러므로 부당하게 주님의 빵을 먹거나 그분의 잔을 마시는 자는 주님의 몸과 피에 죄를 짓게 됩니다. 그러니 각 사람은 자신을 돌이켜보고 나서 이 빵을 먹고 이 잔을 마셔야 합니다."(1코린 11,27.28). 바오로 사도의 말씀에 따라 교회는 영성체를 위한 준비의 중요성을 가르치고 있는데, 그 수령의 조건들은 영성체하는 사람의 몸과 영혼을 다 포함하는 것으로 영적이면서도 육체적인 준비를 뜻합니다. 즉 "영성체 전 적어도 한 시간 동안은 물과 약 외에는 어떤 음식도 삼가야 한다는 공복제"(「교회법」 제919조 1항)를 뜻하는 육체적인 준비와, "중죄를 자각하는 이의 영성체 전의 고해 성사 참여"(「교회법」 제916조)와 같은 영적인 준비입니다.

영적인 준비에 대해서는 「디다케」 14항이 잘 가르치고 있습니다. "너희는 먼저 너희의 죄를 고백하고 난 후에 주의

날에 모여서 빵을 나누고 감사를 드려라. 그래야 너희의 봉헌이 깨끗하게 될 것이다." 하지만 교회는 중대한 이유가 있고 고해 성사를 볼 기회가 없는 경우, 자신이 대죄 중에 있음을 자각하는 이라도 진실한 통회를 발해야 한다는 것과 빠른 시일 내에 고해 성사를 받아야 한다는 것을 자각하면 주님의 몸을 영할 수 있다고 가르치고 있습니다. 여기서 알 수 있는 것은 중죄를 자각하는 이에게 있어서 고해 성사가 중요하다는 것과, 그럼에도 불구하고 고해 성사가 성체 성사를 위한 절대적이고 유일무이한 필수 준비 조건은 아니라는 것입니다. 보다 중요한 것은 죄인 자신이 진실로 뉘우치는 것이고, 고해 성사에 참여하기를 노력하는 것이며, 우리의 죄를 용서해 주시는 주님의 몸을 사랑하는 것입니다.

트리엔트 공의회는 성체를 모시는 데는 세 가지 방법이 있다고 하였습니다. 즉 '성사적인 방법' '영적인 방법' '성사적이고 영적인 방법' 이 그것입니다.

먼저 '성사적인 방법' 은 미사에 참여하기는 하지만 특별한 준비 없이, 건성으로 혹은 형식적으로 성체를 모시는 것을 말합니다. '영적인 방법' 은 미사에 참여하지는 못하지만 마음으로 그리스도의 현존을 모시는 것을 말합니다. 이를 영적으로 영성체를 한다는 뜻에서 '신령성체'神領聖體라고 부릅니다. '성사적이고 영적인 방법'은 잘 준비해서 미사에 참여하여 성체를 모시는 것을 말합니다. 우리는 당연히 미사에 참례할 때마다 합당한 준비로 거룩한 성체를 받아 모시기를 힘써야 합니다. 코로나 19 사태로 인한 미사 중단으로 성체를 모시지 못한 신자들에게 영적으로 주님을 모시기를 간절히 바라며 기도하기를 권한 영적 영성체 기도문은 다음과 같습니다.

지극히 거룩한 성사 안에 참으로 계시는 우리 주 예수님,
지금 성체 안의 당신을 영할 수는 없사오나
지극한 사랑으로 간절히 바라오니,
거룩하신 당신 어머니의 티 없으신 성심을 통해
영적으로 저의 마음에 오소서.
오셔서 영원토록 사시옵소서.
당신은 제 안에 계시고
저는 또 당신 안에서 이제와 또한 영원히 살게 하소서. 아멘
(〈성 알퐁소 데 리구오리의 영적 영성체를 위한 기도〉, 『묵주의 9일 기도』)

성체 성사적인 삶

영성체를 위해서 잘 준비하는 자세도 중요하지만, 영성체 후에도 성체 성사를 모신 사람에게 걸맞은 자세가 필요합니다. 즉 그리스도의 몸을 나누어 모시는 이들은 친교의 공동체인 교회와 더불어 사랑의 삶을 살아가야 합니다. 성찬에 초대받고 성체를 모시는 우리가 살아가야 할 삶의 자세는 '성체 성사적인 삶' 이라고 하겠습니다. 성체 성사적인 삶이란 무엇일까요? 그것은 자신의 몸을 타인을 위해 내어 주는 것이고, 성체를 통해 우리 모두 하나가 되는 것이며, 우리를 위한 하느님의 사랑을 받아들이고 그분께 우리의 사랑을 드리는 것이며, 우리 죄를 용서하시는 하느님의 은총을 받아들이고 그분께 더 가까이 나아갈 은혜를 구하는 것입니다. 이러한 자세가 성체 성사적 삶이고, 이러한 삶을 살아가고자 하는 마음을 우리는 매번의 미사 때마다, 매번의 영성체 때마다 배우고, 또 그 마음을 새롭게 가져야 합니다.

성체 성사를 이루고 나누는 교회 안에서 나를 구원하시는 하느님

성체 성사는 우리 신앙 생활의 핵심을 이루는 원천이 됩니다. 또한 성체 성사는 우리 교회 공동체를 유지하고 발전시켜 나갑니다. 그러므로 우리가 주일 미사에 참례하는 것은 인류의 구원에 봉사하는 교회의 존립을 위한 것이고, 교회 공동체의 친교를 위한 신앙 생활에 중요한 요소이기도 합니다.

성체 성사 안에서 당신의 몸을 빵으로 내어 주시는 예수 그리스도께서는 인간이 되어 우리에게 오신 하느님이십니다. 그분께서는 우리에게 당신의 사랑을 보여 주시려고, 우리 인간의 언어로 말씀하시려고, 또 우리와 함께 사시려고 우리 가운데 오셨습니다. 인간이 되어 오신 하느님이신 예수 그리스도께서는 우리 인간 죄악의 극치 앞에서 하느님의 한량없는 사랑을 보여 주셨습니다. 그리고 그분께서는 당신의 그러한 사랑이 당신을 믿고 따르는 제자들에 의해서 이 세상에 계속되기를 원하셨습니다. 이 하느님의 사랑을 세상에 전하는 도구의 역할을 맡은 단체가 우리 교회입니다. 즉 우리 인간을 위하여 우리 인간 가운데로 오신 예수 그리스도께서는 우리 인간의 행복을 바라시고 그 행복을 가능하게 하시는데, 무엇보다 우리 교회를 통해서 그렇게 하신다는 것입니다.

이 교회 공동체는 세상의 구원만이 아니라 나의 구원을 위해서도 있습니다. 곧 나의 구원은 교회 공동체를 통해서 이루어지는 것입니다. 하느님께서는 교회를 통해서 인류를, 무엇보다 나를 구원하고자 하신다는 것입니다. 나의 구원을 위해서 교회가 참으로 필요합니다. 교회는 내가 세례를 받았으니 마지못해서 다니는 곳도, 나의 돈과 시간과 정열을 뺏으려는 곳도, 인간적인 친교만을 목적으로 하는 곳도 아닙니다. 교회는 무엇보다 나의 구원을 위해서 있습니다.

교회 구성원 모두가 나의 구원을 위해서 존재한다는 생각, 즉 우리가 교우(敎友)라고 부르는 동료 신자들, 신부님들, 수녀님들이 다 나의 구원을 위해서 존재한다고 생각하면 어떨까요? 그러면서도 교회는 나만의 구원이 아니라 나 아닌 다른 사람의 구원을 위해서도 존재하는 것임을, 나는 다른 이에 대해서 또 교회에 대해서 나름의 책임이 있음을, 그래서 나는 공동체 안에서 말하고 행하는 나의 말 한마디, 행동 하나에도 주의를 기울여야 함을 잊지 맙시다!

예수께서는 "나를 믿는 이 작은 이들 가운데 하나라도 죄짓게 하는 자는, 연자매를 목에 달고 바다 깊은 곳에 빠지는 편이 낫다."(마태 18,6)라고 말씀하셨습니다.

/7

일치를 위한 생명의 잔치인 미사

주님과의 일치

“교회의 존재 자체를 이루고 있는 하느님 생명의 친교와 하느님 백성의 일치는 성찬례로 적절히 상징되고 놀랍게 실현됩니다.”(『가톨릭교회교리서』 1325항). 성체 성사는 신자 개개인의 그리스도와의 일치는 물론이고 모든 신자들의 일치, 즉 예수 그리스도 안에서의 교회의 일치를 드러내고 실현하는 성사입니다. 성체 성사는 이렇게 일치의 표징이자 사랑의 끈으로서 교회적인 친교를 이루는 역할을 합니다. 이러한 의미에서 교회는 그 구성원 모두가 함께 ‘성체 성사를 드리는 한 공동체’이고 ‘성체 성사적인 친교의 공동체’입니다. 성령께서 이 성사의 기초로서 활동하시면서 하느님과 함께하는 공동체의 친교를 이루시기 때문입니다. 그러므로 성체 성사가 이루어지는 미사를 통하여 신자들이 얻는 영적인 결실은 무엇보다도 ‘그리스도와의 일치’입니다.

그러나 이 성사가 지표指標하는 그리스도와의 영적 일치는 성체를 이루는 순간에만 도모할 것이 아니라 신자 생활 전체에서 계속되어야 할 것이며, 신도들은 받은 은혜를 끊임없이 신앙으로 관상觀想하며 성령의 인도를 받아 감사하는 마음으로 일상 생활을 영위하고 보다 풍성한 사랑의 결실을 맺어야 할 것입니다.(「성체신비 공경에 관한 훈령」1967 38항)

성체 성사의 효과는 일차적으로 '그리스도의 현존을 모시고 (그분과) 일치' 하는 것입니다. 『가톨릭교회교리서』는 그리스도와의 일치의 관점에서 영성체에 대하여 이렇게 설명하고 있습니다.

영성체는 우리와 그리스도의 일치를 증진시켜 준다. 성체를 받아 모심으로써 얻는 주요한 효과는 예수 그리스도와 긴밀하게 일치하는 것이다. …… 지금 이 순간에도 그리스도를 받아 모시는 사람에게는 생명과 부활이 주어진다.(1391항)

성부와 성자와 성령이신 하느님께서는 성체 성사 안에서

서로 간의 사랑을 나누십니다. 성령께서는 성체 성사를 통하여 신자들 안에 사랑의 불을 놓으시고 타오르게 하십니다. 그러므로 성체 성사는 신적인 사랑의 축제인 동시에 인간적인 사랑의 축제입니다. 하느님께서는 성체 성사를 통하여 당신의 사랑을 인간에게 선사하시고, 인간도 자신의 사랑을 하느님께 전해 드리게 됩니다.

공동체의 잔치

성체 성사를 이루는 미사는 '모든 이를 위한 생명의 잔치' 이기에, 한 개인만을 위한 개별적인 신심의 대상이 아니라 '교회 공동체 전체의 전례 행위' 이고 '사제와 신자가 함께 거행하는 사랑의 만찬' 입니다. 우리가 빵과 포도주를 받아먹고 마신다는 것은 주님이신 예수님과 생명의 친교를 맺고 그분과 하나가 되며, 새 생명의 식탁에서 함께 음식을 먹는 사람들과도 하나가 된다는 것을 의미합니다. 이러한 의미에서 미사는 결과적으로 교회를 존재하게 하고 또 지탱해 주는 교회의 공적인 잔치입니다. 공동체는 성체 성사를 거행함으로써 자신을 더욱더 견고하게 합니다. 결국 교회는 성찬례를 이루고 성찬례는 교회를 이룹니다. 제2차 바티칸 공의회의 정신대로 미사는 더 이상 사제 개인의 독점물이 아니라 사제와 평신도, 즉 공동체가 함께 준비하고 거행하는 공동체의 전례가 되어야 합니다.

생명의 하느님과의 만남

미사 참례는 신자가 그저 자리만 채우는, 일종의 의무 이행이 아닙니다. 성체 성사를 이루는 미사는 신자 개개인의 생명을 위한 일입니다. 미사는 영원한 생명을 주시는 하느님께 드리는 그리스도의 제사이고, 그 안에서 하느님의 말씀이 선포되고 그리스도의 몸과 피가 축성되고 나누어지는 거룩한 것입니다. 신자들은 성체 성사를 이루는 미사를 통하여 하느님을 만나게 됩니다. 그들은 미사 안에서 생명을 주시는 하느님의 말씀을 듣고, 기도 드리고, 은총을 받게 됩니다. 그러므로 신자들은 공동체가 드리는 미사에서 하느님을 더 잘 만나고, 하느님의 말씀을 더 잘 듣고, 기도를 더 잘 드리고, 은총을 더 잘 받을 수 있어야 합니다. 특히 사제들은 미사를 열심히 준비하고 정성을 다해 집전함으로써 신자들이 영적인 결실을 얻을 수 있게 해야 합니다.

한 가족이 한 식탁에 모여 앉음으로써 가족의 일치를 드러내듯이, 교회 구성원은 성체 성사를 거행하는 성찬의 식탁에 함께 모임으로써 단일한 하느님의 자녀임을 드러냅니다. 우리를 위해 수난하시고 죽으셨으며 부활하시고 승천하신 예수 그리스도, 그분께서 지금 우리 눈에는 보이지 않지만 성체 성사를 통해서 우리 가운데 계십니다. 성체 성사는 하느님께서 우리와 함께, 우리 모두를 위해서 계시다는 표지입니다. 그러므로 미사는 성체 성사를 통해서 현존하시는 예수 그리스도, 바로 하느님을 새롭게 만나는 자리입니다.

예수 그리스도의 사랑을 실천할 힘

예수 그리스도께서는 당신 자신을 우리 삶에 꼭 필요한 양식과 음료로 내어 주심으로써 우리와 신비로운 일치를 이루고자 하십니다. 성체 성사는 봉사 받으러 오신 것이 아니라 봉사하러 오신 예수 그리스도께서 자신을 송두리째 내어 주시는 구원의 성사이며, 그 성사를 받는 사람에게 그 분의 모범을 따라 살아가고 사랑을 실천할 힘을 주는 성사입니다. "신앙 안에서 정당하게 거행된 성사는 그 성사가 의미하는 은총을 주기 때문입니다."(『가톨릭교회교리서』 1127항)

성체 성사의 조건은 사랑

성체 성사는 성부이신 하느님께 바쳐진 성자 그리스도의 제사이자 기도이며, 이를 다시 사제와 신자들이 재현하는 교회의 최고 기도입니다. 미사는 하느님께 드리는 교회의 장엄한 기도이고, 인간과 하느님과의 만남과 대화의 장場입니다. 그리스도인은 세례를 통하여 하느님의 자녀가 되었고, 그와 더불어 당신의 자녀를 당신의 몸과 피로 길러주시는 주님의 잔치에 초대받습니다. 이러한 초대는 그야말로 거저 주어지는, 황송한, 공짜 선물입니다. 이 초대에 단 한 가지의 의무와 조건이 있다면 그것은 사랑입니다. 사랑의 주님께서 사랑으로 당신의 몸과 피를, 곧 당신의 사랑 전부를 내어 주시는 것이 성체 성사이기 때문입니다.

그러므로 우리는 주님의 몸과 피를 모시되 합당한 사랑으로 모셔야 합니다. 대죄의 경우 영성체 전에 고해 성사를 받아야 하는 것도 결국 하느님께 합당한 사랑을 드리기 위해서입니다. 당신의 사랑에 맞갖은 사랑으로 당신을 모시는 이들을 주님께서는 영원한 생명을 주는 구원으로 이끌어 주실 것입니다. 성체 성사에 대한 이러한 사랑의 참여는 제2차 바티칸 공의회가 강조하는 대로 자기 봉헌으로 이어져야 합니다.

그리스도 신자들이 이 신앙의 신비에 마치 국외자局外者나 묵묵한 방관자인 양 참여하지 않고, 예절과 기도를 통해서 이 신비를 잘 이해하고, 거룩한 행사에 의식적意識的으로, 경건하게, 능동적으로 참여하도록, 또한 하느님의 말씀으로 육성되고, 주의 성체의 식탁에서 보양되고, 하느님께 감사하도록, 성교회는 이에 모든 노력을 기울입니다. 또 신자들은 티 없는 제물을 사제의 손으로 뿐 아니라 사제와 함께 제헌하면서, 자기 자신을 제헌하는 것을 배워야 하며, 그럼으로써 중재자이신 그리스도를 통하여, 하느님과의 일치 또 자기들 상호 간의 일치가 날로 긴밀하게 되어, 하느님이 모든 것 중의 모든 것이 되시도록 해야 합니다.(「전례 헌장」 48항)

/8

하느님과의 화해의 성사

성사를 통한 하느님과의 화해

가톨릭교회 신자들은 성사를 통해 하느님과 화해하고 죄를 용서받으며 구원을 위한 은총을 받습니다. 성사 생활을 위해서는 특히 두 성사, 곧 '성체 성사'와 '고해 성사'가 중요합니다. 물론 세례를 비롯한 다른 성사들도 중요하지만 다른 성사들과는 달리 성체 성사와 고해 성사는 여러 번 계속해서 수여된다는 의미에서 특별히 중요하다는 말입니다. 그러면서 이 두 성사는 같은 화해의 성사로서 상호 깊은 관련이 있는 성사들이며, 완전히 독립되어 집전되는 개별 성사라기보다 상호 간의 권고로서 서로 보완하고 완성되는 성사들이기도 합니다.

하느님과의 화해로서의 고해 성사

적지 않은 신자들에게 가장 부담스러운 일이 바로 고해 성사일 것입니다. 고해 성사만 아니면 성당 다니는 일이 훨씬 쉬울 것 같은데 말입니다. 하지만 고해 성사는 우리가 죄를 지어 손상시킨 하느님과의 관계를 회복하는 성사입니다. 한마디로 '하느님과 죄인과의 화해를 위한 성사'가 고해 성사입니다. 예전에 '고백 성사'라 불리던 것에서 '고해 성사'라고 불리게 된 것도 화해를 위한 성사라는 점을 강조하기 위함입니다. 같은 맥락에서 성 요한 바오로 2세 교황님은 고해 성사야말로 "회개와 화해의 성사"라고 하면서, "그리스도인에게 있어서 성세 후에 범한 심각한 죄에 대해 사함을 받고 용서를 얻을 수 있는 정상적 방법은 참회의 성사"임을 강조하셨습니다.

고해 성사의 목표: 죄인의 회개와 구원

하느님과 죄인의 화해는 하느님에게서 멀어진 죄인의 구원을 의미합니다. 그리고 죄인의 회개는 죄인과 하느님과의 화해를 위한 기초가 됩니다. 일반적으로 회개는 세례와 더불어 시작하고 고해 성사를 통하여 계속됩니다. 하느님께서 베푸시는 용서의 은총이 세례를 통하여 시작되고 고해 성사로써 계속되는 것입니다. 그러므로 죄인이 회개하고 하느님과 화해하는 일이 '고해 성사의 목표'라고 하겠습니다. 죄인은 고해 성사를 통해 하느님의 용서로 구원으로 나아가게 되는 것입니다.

고해 성사의 근거와 발전

고해 성사에 관한 가톨릭의 가르침은 다음 성경 말씀들에 기초하여 발전하였습니다. "너희가 무엇이든지 땅에서 매면 하늘에서도 매일 것이고, 너희가 무엇이든지 땅에서 풀면 하늘에서도 풀릴 것이다."(마태 18,18)라는 말씀과 "성령을 받아라. 너희가 누구의 죄든지 용서해 주면 그가 용서를 받을 것이고, 그대로 두면 그대로 남아 있을 것이다."(요한 20,22-23)라는 말씀입니다. 이렇게 고해 성사는 주 예수 그리스도께서 베드로를 비롯한 사도들에게 위임하신 사죄권을 기반으로 발전되었습니다.

다음 장에서 자세히 알아보겠지만, 고해 성사가 오늘날과 같은 형식의 성사가 되기까지 약 12세기가 걸렸습니다. 교회의 7성사 가운데에서 가장 많은 변화를 겪은 성사가 고해 성사인데, 초기교회에서 고해 성사의 유래가 된 참회예식은 교회의 파문 원칙을 배경으로 거행되었습니다. 즉 교회 공동체의 친교를 뜻했던 성찬의 식사로부터 근본적으로 제외된 죽을 죄를 지은 사람이 영성체를 하기 위해서는 공개적인 화해를 필요로 했던 것이고, 이러한 현실적인 이유와 필요성에서 참회예식이 거행되었습니다. 역사적으로 보아 6세기까지는 여러 가지 참회예식이 개발되었는데, 이는 (무엇보다도 배교자들 때문에) 공개적으로 거행되다가 후에 (개인의 비밀을 보장하기 위해) 개별적으로 거행하게 됩니다. 이러한 참회예식은 이미 일종의 성사로서 여기에서 오늘날과 같은 고해 성사의 형태로 발전되었습니다.

또 다른 화해 성사인 성체 성사

예수 그리스도의 생애와 가르침을 볼 때, 그분께서 세우신 성체 성사는 당신의 십자가상의 제사를 기념하고 재현하는 것으로서, '죄인인 인간'과 '용서를 베푸시는 하느님'과의 화해를 가장 잘 드러내는 또 하나의 화해의 성사라고 할 수 있습니다. 예수 그리스도께서는 성체 성사를 세우시면서 "모두 이 잔을 마셔라. 이는 죄를 용서해 주려고 많은 사람을 위하여 흘리는 내 계약의 피다."(마태 26,27-28)라고 말씀하셨지 않습니까? 이 말씀에서 잘 드러나듯이 성체 성사는 분명하게 '죄의 용서'와 연관되어 있는 것입니다. 과연 예수님께서는 죄인들에게 하느님과의 화해를 성체 성사를 통하여 전해 주기를 원하셨고 또 전해 주셨습니다.

'그리스도 안에서의 용서와 화해의 성사'인 성체 성사 안에서 예수 그리스도께서는 세상의 죄를 없애시는 하느님의 어린양으로서 스스로를 제물로 봉헌하셨습니다. 성체 성사를 통하여 하느님과 인간과의 화해가 계속 이루어지게 되었습니다. 이렇게 성체 성사는 예수 그리스도께서 봉헌자이시면서 동시에 봉헌물이 되시는, 우리 구원의 봉헌이며 새로운 계약의 봉헌입니다.

성체 성사 안에서의 기도: '죄의 용서'와 '죄로부터의 보호'

성체 성사는 '세상의 구원'과 '죄의 용서'를 위한 예수 그리스도의 '봉헌'이면서 '식사'입니다. 이러한 점에서 성체 성사 안에서는 '죄의 용서를 위한 청원 기도'가 여러 번 바쳐지고 있습니다. 예를 들어 연중 제25주간 수요일 미사에서 예물 기도가 그렇습니다.

> 주님, 저희가 주님의 사랑을 믿고 거룩한 제단에 예물을 봉헌하고자 모였으니, 이 미사로 저희 죄를 용서하시고, 이 미사가 새로운 생명의 근원이 되게 하소서.

트리엔트 공의회의 가르침에 따르면, 성체 성사는 예수 그리스도께서 우리를 일상의 과오로부터 해방되게 하고 대죄로부터 보호받게 하는 해독제로 삼기를 원하신 것입니다. 또한 공의회는 미사성제가 속죄의 봉헌임을 강조하였는데, 이는 성체 성사에 있어서의 화해라는 특성을 잘 드러내고 있습니다. 영성체 전에 사제가 조용히 바치는 기도도 이러한 관련으로 보여집니다.

그러므로 이 지극히 거룩한 몸과 피로 모든 죄와 온갖 악에서 저를 구하소서.

주 예수 그리스도님, 주님의 몸과 피를 받아 모심이 제게 심판과 책벌이 되지 않게 하시고 제 영혼과 육신을 자비로이 낫게 하시며 지켜주소서.

사제가 신자들을 영성체로 초대하는 말씀과 그에 대한 신자들의 응답도 용서에 관한 내용을 언급하고 있습니다.

하느님의 어린양, 세상의 죄를 없애시는 분이시니 이 성찬에 초대받은 이는 복되도다.

주님, 제 안에 주님을 모시기에 합당치 않사오나 한 말씀만 하소서. 제가 곧 나으리이다.

우리는 고해 성사를 통해 영성체를 준비하는가 하면, 영성체로써 사랑뿐 아니라 죄의식도 일깨워 하느님의 용서를 향한 희망과 욕구를 가지고 고해 성사로 이끌려 가기도 합니다. 우리를 하느님과의 화해로 이끄는 성체 성사와 고해 성사를 더 아끼고 사랑하는 우리 님들이 되시기를 바랍니다!

/9
치유의 성사

가톨릭 신자들은 '입문 성사' 라고도 불리는 세례, 견진, 성체 성사를 통해서 그리스도의 새 생명을 받았습니다. 그럼에도 불구하고 우리는 세상을 살면서 고통과 질병과 죽음을 겪을 수밖에 없고 또 죄 때문에 그 귀한 생명을 잃을 수도 있습니다. 이렇게 죄와 질병으로 아픔을 겪는 우리들에게 주 예수 그리스도께서는 당신의 성령을 통하여 교회 안에서 당신의 치유와 구원 활동을 계속하시도록 '치유의 성사' 를 마련해 주셨는데, '고해 성사' 와 '병자 성사' 가 그것입니다.

고해 성사란?

'고해 성사'告解聖事는 세례 이후 죄를 지은 사람에게 '하느님께서 용서의 은혜를 베푸시는 성사' 입니다. 성사적인 방법으로 일어나는 참회와 보속을 통해 죄인은 하느님과 화해함과 동시에 교회와 화해합니다. 죄인은 교회를 통해 하느님이 베푸시는 죄의 용서를 받게 됩니다.

고해 성사의 신약 성경적 배경

신약 성경에 따르면 예수님 자신이 죄를 용서하셨는데, 그분은 이때 참회와 보속과 전적인 회개와 근본적인 사고의 전환을 요청하셨습니다.(마태 9,2; 마르 1,15; 마르 2,5 참조). 예수 부활 이후의 교회의 의식에 따르면 죄를 용서하는 권한사죄권은 그리스도교 공동체 혹은 대리자에게 전해졌습니다.(마태 16,19; 18,18; 요한 20,23 참조). 바오로 사도가 코린토 교회에 하신 말씀에서 이러한 사죄권의 실천과 그 중요성이 드러납니다.(1코린 5,9-13 참조)

신약 성경에서는 공동체의 성성聖性을 지키는 것이 중요한 것으로 드러납니다. 공동체는 죄인을 통해서 손상을 입을 수 있으므로 죄인의 문제는 공동체의 문제로 드러나는 것이며, 따라서 죄인은 구해지고 화해되어야 한다는 것입니다.

고해 성사의 신약 성경적 뿌리는 교회적인 특성을 지닙니다. 죄와 용서는 공동체를 깊이 건드리는 것이며, 고해 성사를 통해 공동체 스스로 상응하는 보속 행위에 능동적으로 참여합니다.

고해 성사의 유래와 발전

고해 성사는 교회의 7성사 가운데에서 가장 많이 변화된 성사로서 오늘날과 같은 형식이 되기까지는 약 12세기가 걸렸습니다. 초기에는 (특히 배교자들을 다시 받아들이기 위해) 공개적인 속죄 생활이 요구되어 6세기까지 여러 가지 '참회예식'이 개발되었습니다.

고대교회의 참회예식이 거행된 배경으로 교회에서 실시해 오던 '파문破門의 원칙'을 들 수 있습니다. 즉 하느님의 법을 크게 어겨 인간의 마음에 있는 사랑을 파괴하고, 하느님께 등을 돌리게 하는 '대죄'죽을죄를 지은 사람은 교회 공동체의 친교로부터, 즉 성찬의 식사로부터 근본적으로 제외되었는데, 그가 다시 영성체를 하기 위해서는 공동체 앞에서의 '공개적인 화해'를 필요로 했던 것입니다.

그런데 이러한 참회는 '일생 단 한 번' 받을 수 있는 것이었고, '무거운 보속'이 부과되었습니다. 506년 악드Agde 시노드는 (금욕을 지키기 어려운) 신혼부부에게는 참회를 금지하고, 538년 오를레앙Orleans 시노드는 젊지 않은 부부라도 배우자의 동의 없이는 참회를 금지할 정도였습니다. 급기야 세례를 미루어 평생 세례 지원자로 있는 것이 더 낫다고 생각하는 풍조까지 생기게 되었지요.

이러한 현실에서 아일랜드 수도자들의 전통이 변화를 가져오게 됩니다. 아일랜드 수도자들은 덕망 높은 수도자에게 자신의 죄를 개인적으로 고백하고 조언을 받았던 동방 교회의 전통에서 영감을 얻어, 사제에게 개별적으로 죄를 고백하고 사죄를 받는 참회 방식을 개발하여 수도원 안에서 실천하였던 것인데, 이들이 7세기경 이러한 개별 참회 방식을 일반 신자들에게 적용함으로써 오늘날과 같은 고해성사의 유래가 되었습니다.

이로써 주교가 아니라 사제가 수시로 반복적으로 사죄를 베풀게 되었고, 신자들은 대죄만이 아니라 소죄도 고백하게 되었습니다. 또 보속도 과거처럼 무거운 것에서 차츰 헌금, 많은 기도, 편태 등으로 대치되어 나갔습니다.

여기에 대해 교회 교도권은 처음에는 반대 입장을 취하였습니다. 589년 톨레도Toledo 시노드는 이 방식은 혐오스럽고 교만한 것이니 옛 참회 규정으로 돌아가야 한다고 하면서, 개인적인 죄는 개별 참회로, 공개적인 죄는 공개 참회로 해야 한다고 하였지요. 그러다가 결국 800년경 개별 참회가 널리 시행되게 됩니다.

개별 참회는 이전의 공적 참회와 달리 반복해서 행할 수 있었고, 소죄도 포함해서 고백할 수 있었으며, 비밀이 유지되고, 참회 기간이 간소화된 특징이 있습니다. 그리고 개별 참회의 순서가 고백, 참회 기간, 사죄경에서 고백, 사죄경,

보속으로 바뀌었습니다. 과거에 비해 죄인에게 먼저 용서를 베풀고, 그에 대한 응답으로 새로운 삶을 살아갈 것을 요구하신 예수 그리스도의 사죄 방식에 더 근접한 참회 방식으로 변화한 것이지요.

11세기 초에는 '대사' 교리가 나오고, 12세기에는 참회자의 통회가 강조되었고, 13세기에는 성지순례 등 공적인 참회 행사가 성행했습니다. 16세기에 들어서 오늘날과 같은 모습을 갖추게 되었습니다.

영성체를 위한 준비로서의 고해

『가톨릭교회교리서』는 주님의 초대를 받아 영성체를 하러 나온 사람은 이 위대하고도 거룩한 순간을 위해 자기 자신을 준비해야 한다고 하면서, "중한 죄를 지었다고 느끼는 사람은 성체를 모시기 전에 고해 성사를 받아야 한다."(1385항)고 분명히 언급하고 있습니다. 하지만 자신이 대죄 중에 있음을 자각하고 있는데도 불구하고, 중대한 이유로 영성체 전에 고해 성사를 볼 기회가 없을 수 있습니다. 교회는 그러한 경우, 진실한 통회를 발하고 빠른 시일 내에 고해 성사를 볼 결심을 한다면 주님의 몸을 영할 수 있도록 배려합니다. 즉 대죄를 범한 사람이라도 고해 성사를 받지 않은 상태에서 영성체를 할 수 있는 예외적인 상황이 있을 수 있다는 것이지요.

여기서 알 수 있는 것은 중죄를 자각하고 있는 이에게는 고해 성사가 중요하다는 것, 그럼에도 불구하고 (앞에서도 언급하였듯이) 고해 성사를 받는 것 자체가 성체 성사를 위한 절대적이고 유일무이한 필수 준비 조건이라고 할 수는 없다는 것입니다. 보다 중요한 것은 죄인 자신이 진실로 뉘우치고 고해 성사에 참여하기를 노력하는 것이고, 우리의 죄를 용서해 주시는 주님의 몸을 합당한 사랑으로 모시는 자세이지요.

하지만 죽을 죄를 지은 사람이 미사 전에 고해 성사를 받을 기회가 있다면 반드시 받아야 합니다. 중한 죄를 짓지 않고 소죄를 지은 사람은 영성체 전에 꼭 고해 성사를 받지 않아도 됩니다. 왜냐하면 미사 시작 부분에 이미 범한 잘못에 대한 성찰과 죄의 고백이 있고 사제의 사죄경이 바쳐지기 때문이고, 또 영성체 때 받아 모시는 주님의 몸은 우리의 죄를 사하시는 속죄의 봉헌이기 때문입니다. 따라서 성체를 모신 사람의 가벼운 죄들은 원칙적으로 성체 성사를 통하여서도 용서된다고 할 수 있습니다. 영성체가 성체를 모신 사람의 사랑이 타오르게 하고, 사랑의 동력을 통하여 영적인 에너지를 증대시키는 역할을 하기 때문이지요.

하느님과의 화해

고해 성사가 목표로 하는 '죄인과 하느님과의 화해'는 하느님에게서 멀어진 죄인이 '구원됨'을 의미합니다. 신자들은 죄사함의 세례를 받고 새 생명을 누리고 있음에도 불구하고, 자신 안에 남아 있는 본성의 불완전함과 나약함으로 인하여 죄로 기울 수가 있습니다. 이렇게 "세례 받은 사람에게 사욕이 남아 있는 것은, 그리스도인답게 살기 위한 싸움에서 그리스도의 은총으로 도움을 받아 승리를 얻게 하기 위한 것입니다. 이 싸움은 주님께서 끊임없이 우리를 부르시는 거룩함과 영원한 생명으로 돌아가는 회개를 위한 싸움입니다."(『가톨릭교회교리서』 1426항)

본성의 불완전성과 나약성이 그 바탕에 있다하여도 인간이 자신의 '이성'과 '진리'와 '올바른 양심'을 거슬러 잘못을 범할 때 죄가 됩니다. 그리고 이러한 죄는 하느님에 대해 모욕이 되고, 하느님과 이루는 친교의 단절을 가져오며 동시에 교회와 이루는 친교에도 해를 끼치게 됩니다. 이렇게 죄를 범한 사람에게 하느님의 용서를 가져다주고 교회와 화해를 이루도록 하는 '회개를 전례적으로 표현하고 실현하는 성사'가 바로 고해 성사입니다.

그리스도께서는 당신 교회의 모든 지체, 누구보다도 우선 세례 후 대죄에 떨어져 세례로 받은 은총을 잃고 교회의 친교에 손상을 입힌 사람들을 위하여 고해 성사를 세우셨습니다. 고해 성사는 죄인들에게 회개하고 의화의 은총을 회복할 수 있는 새로운 가능성을 제공합니다. 교부들은 이 성사를 '은총을 잃어버린 난파 후 두 번째 구명대'라고 소개합니다.(『가톨릭교회교리서』 1446항)

참회자의 행위: 통회 고백 보속

교회는 "죄인은 회개하기 위하여 기꺼이 다음과 같은 참회의 행위가 필요하다. 마음에는 통회가, 입에는 고백이, 행위에는 온전한 겸손과 유효한 보속이 있어야 한다."(『가톨릭교회교리서』 1450항)고 가르칩니다. 먼저 참회하는 사람의 가장 중요한 행위라고 할 '통회'痛悔는 양심 성찰을 통해 지은 죄에 대해 아파하면서 다시는 죄를 짓지 않겠다는 결심으로 그 죄를 미워하는 것을 말합니다.

다음으로 고해 성사의 핵심 부분이라고 할 '고백'告白은

진지한 성찰로써 알아낸 모든 죄를 열거하면서 말로써 아뢰는 것입니다. 죽을 죄를 범한 사람은 고해 성사 안에서 그 죄를 꼭 고백하고, 일상적인 잘못인 소죄까지도 고백하기를 권장 받습니다. 고해 성사가 우리의 양심을 기르고, 나쁜 성향과 싸우며, 그리스도를 통해 치유받고, 성령의 생명 안에서 성장하도록 도와주기 때문입니다.

마지막으로 용서는 죄를 없애 주지만 죄의 결과로 생긴 모든 폐해를 고쳐 주지는 못하는데, 이를 도와주는 것이 '보속'補贖입니다. 즉 보속은 죄인이 죄를 갚기 위해서 적절한 방법으로 죄를 보상하거나 속죄하는 것을 말하는 것이지요.

고해소의 변천

고해 성사가 거행되는 장소를 생각해 보면 다음과 같이 변화되었습니다.

- 초기 교회: 원칙적으로 교회 내 어느 곳에서나 거행(공적 고백)
- 중세 교회: 일반적으로 제대 앞에서 거행(개인 고백)

- 16세기부터: 창살로 가로막힌 방의 형태로서의 고해소에서 거행

사죄와 잠벌

보속에 따라 죄에 대한 용서가 이루어지는 것을 '사죄'赦罪라고 합니다. 하지만 죄에 대한 용서를 받아도 죄인이 받아야 할 벌은 그대로 남는데 그것을 '잠벌'暫罰이라고 합니다.

병자 성사란?

병자 성사病者聖事는 여러 가지 질병을 앓고 있거나 신체적 결함으로 고통받는 환자와 죽을 위험이 있는 사람에게 그리스도의 위로와 희망을 베푸는 성사입니다. 하느님께서는 교회를 통해서 중병에 걸린 사람에게 구원을 선사하고자 하십니다. 성경에 등장하는 아픈 사람에 대한 신적인 치유는 구원의 상징으로 성사성을 지닙니다.

병자 성사의 원천

병자 성사의 토대와 배경은 예수님께서 당신의 제자들을 단지 복음 선포만을 위하여 파견하시지 않고, 병자들도 낫

게 하도록 파견하셨다는 사실에 있습니다. 병자들에 대한 방문 기도에는 외적으로 기름을 부어 바르는 예식이 함께 했었습니다.(마르 6,13 참조). 제자들은 실제로 수많은 병자들에게 기름을 발라 병을 낫게 해 주었습니다. 전통적인 병자 성사의 기원은 다음의 성경 말씀입니다.

> 여러분 가운데에 앓는 사람이 있습니까? 그런 사람은 교회의 원로들을 부르십시오. 원로들은 그를 위하여 기도하고, 주님의 이름으로 그에게 기름을 바르십시오. 그러면 믿음의 기도가 그 아픈 사람을 구원하고, 또 그가 죄를 지었으면 용서를 받을 것입니다. …… 의인의 간절한 기도는 큰 힘을 냅니다.(야고 5,14-16)

병자 성사의 제정

병자 성사의 제정의 근원은 예수님의 말씀에 있습니다. 구체적으로는 교회 역사 속에서 제정, 변화의 과정을 거쳐 이루어졌습니다. 초세기부터 교회에서 환자 방문과 기도가 행해졌고, 이후 불명확하지만 그 시행 방법, 절차, 규칙이 계속 변화하였습니다. 교회 안에 전래된 것은 병자 성사의 기름을 위한 축성 기도문인데, 이 축성은 차츰 주교들에게 유보되었습니다.

병자 성사의 집전과 변천

병자 성사의 집전자는 주교와 사제였고, 평신도, 환자 자신도 병자 성사를 베풀 수 있었습니다. 이때 죄의 용서는 많이 강조되지 않았습니다. 5세기까지의 여러 기록들을 보면 『문병 예식서』가 있었고 환자를 돌보는 제도가 구체화되어 있었습니다. 주교와 신부들은 환자를 찾아가서 기도하고, 안수하고, 도유하였습니다. 중세 초기부터는 병자 성사를 가능한 한 미루기 시작하는 경향이 생겨나 병자 성사가 사망 성사가 되어갔습니다. 병자 성사가 마치 생애 마지막 시간의 성사적 축성으로 여겨진 것이지요.

병자 성사를 평신도가 집전하던 관례는 중세 초기부터 쇠퇴하기 시작하여 9세기에 금지되었습니다. 병자 성사의 전례적 예식은 차츰 영성체와 연결되어 '노자성체'路資聖體가 강조되었고, 예식은 더 장황해졌습니다. 이때는 대개 환자의 몸 일곱 군데에 기름을 발랐습니다. 그러다가 차츰 병자 성사를 받기 위한 비용이 비싸지고, 조건이 까다로워지게 되었습니다. 예를 들면 기름 발리게 되는 환자는 일상적인 생활을 부분적으로 못하게 되었습니다. 고기도 먹으면 안 되었고, 부부 관계도 갖지 못하였으며, 춤을 추어서도 안 되었던 것입니다.

병자 성사는 12세기부터 20세기까지 '종부 성사'終傅聖事 extrema unctio 마지막 도유로 불리면서 그야말로 마지막으로 받는 성사처럼 여겨졌고, 위의 이유들 외에도 집에서 사제를 대접해야 하는 문제 때문에도 (신자들이) 기피하는 성사가 되고 말았습니다.

병자성사에 관한 교도권의 가르침

416년 교황 인노첸시오 1세는 이탈리아 구비오Gubbio의 「데켄씨우스Decentius 주교에게 보내는 편지」에서 "의심 없이 병자아픈 신자들에게 크리스마 기름을 발라주어야 한다."고 하면서 병자들에 대한 '기름 바름' 도유이 성사들에 속한다는 것을 분명히 하였습니다. 여기서 '크리스마' Chrisma는 '도유하다' 라는 의미의 라틴어 '크리스모' chrismo에서 유래하는데, '기름 바름' 을 가리키면서도 (가톨릭교회 성사에서 사용하는) '크리스마 성유' 를 지칭하는 용어이기도 합니다. 오늘날 성유는 세 가지로 구분됩니다.

- '예비 신자 성유' Oleum Cathecumenorum: 세례 성사 때 (물을 붓기 전 예비 신자에게) 구마 기도 후 바르는 기름
- '병자 성유' Oleum Infirmorum: 병자 성사를 베풀 때 환자에게 바르는 기름
- '크리스마 성유' Oleum Sanctum Chrisma: 세례 · 견진 · 성품 성사 때 해당 신자와 수품자에게 바르는 기름

이 기름은 주교로부터 축성되며 사제만이 아니라 모든 평신도들이 (자신의 곤궁에서나 다른 사람들의 곤궁에서나) 바를 수 있습니다. 도유는 인간이 아픈 일반적인 상황에 사용하는 것으로 나타납니다. 병자 성사의 포괄적인 효과는 인간적으로 이해되는 아픔의 곤경에서의 극복으로 보여집니다.

1439년 피렌체 공의회는 다음 중세기에 지배적인 이론과 실행을 확인하였습니다.

- 이 성사는 오직 생명이 위태롭다고 판단되는 병자들에게만 수여될 수 있다.
- 이 성사의 집전자는 사제들주교 혹은 신부이다.

- 이 성사의 재료는 주교로부터 축성된 올리브 기름이다.
- 이 성사의 효과는 영혼의 치유이고, 그것이 좋은 한에서 또한 육신의 치유이다.

1551년 트리엔트 공의회는 피렌체 공의회의 결정을 다시 확인하면서 "병자 성사의 수령자는 죽어가는 사람이 아니라 위험한 환자"라고 선언하였습니다. 트리엔트 공의회의 새로운 결정에 의하면, 종부 성사는 원래 그리스도로부터 실제로 제정되고 야고보로부터 선포된 성사이며, 은총을 부여하고, 죄를 없애고, 병자를 일으키는 것으로서 보속과 그리스도인 삶 전체의 종결이고, 기름 바름은 병자의 영혼을 보이지 않게 바르는 성령의 은총의 적합한 표현입니다.

1962년부터 1965년에 걸쳐 열린 제2차 바티칸 공의회는 신약 성경을 회고하여 병자 성사에 새로운 강조를 하게 되었는데, 이전에 비해 교회론적이고 그리스도론적인 관점을 중시하였습니다. 공의회는 '죽을 위험뿐 아니라' 는 말로 병자 성사의 수령 범위를 확대하였습니다.

- 병자들의 거룩한 도유와 사제들의 기도로 온 교회는 병자

들을 수난하시고 영광 받으신 주님께 맡겨 드리며, 그들의 병고를 들어 주시고 낫게 하여 주시도록 간청하는 한편, 병자들도 자기 자신을 그리스도의 고난과 죽음에 자유로이 결합시켜 하느님 백성의 선익에 기여하도록 권고한다. (「교회 헌장」 11항)

- '종부 성사'는 또한 더 적절히 '병자의 도유'라고 할 수 있으므로, 이는 생명이 위급한 지경에 놓인 사람들만을 위한 성사가 아니다. 그러므로 분명히 이 성사를 받는 적절한 시기는 이미 신자가 질병이나 노쇠로 죽을 위험이 엿보이는 때로 여겨진다.(「전례 헌장」 73항)

병자 성사의 거행과 효과

"앓는 이들은 고쳐 주어라."(마태 10,8)는 주 예수 그리스도의 말씀에 따라 사도 시대 교회는 앓는 사람이 있으면 교회의 원로들을 불렀으며, 원로들은 앓는 사람을 위하여 기도하고, 주님의 이름으로 그에게 기름을 부어 주었습니다.(야고 5,14.15 참조). 이렇게 시작된 병자 성사는 교회가 특별히 병으로 고통을 당하는 사람들에게 힘을 주기 위해 베풀어졌습니다. 이 성사는 "생명이 위급한 지경에 놓인 사람들만을 위한 성사가 아닙니다. 그러므로 분명히 이 성사를 받는 적절한 시기는 이미 신자가 질병이나 노쇠로 죽을 위험이 엿보이는 때로 여겨집니다."(『가톨릭교회교리서』 1514항). 이미 병자 성사를 한 번 받은 이라도 그가 건강을 회복했다가 다시 중병에 걸리게 되면 또 받을 수 있습니다. 환자가 중한 수술을 받기 전에 병자 성사를 받는 것은 합당한 일이고, 급격히 쇠약해지는 노인들의 경우도 마찬가지입니다.

병자 성사는 가정에서나 병원, 성당 어디에서든 전례적이고 공동체적으로 거행되는 것이지만, 교회는 (가급적 먼저 고해 성사를 베풀고, 병자 성사 뒤에 성체 성사를 거행하는 순서를 지킬 수 있도록) 주님의 파스카를 기념하는 미사 중에 거행하기를 특별히 권장합니다.

병자 성사의 근본적인 은총은 중병이나 노쇠 상태의 어려움들을 이겨 내는 데에 필요한 위로와 평화와 용기의 은총입니다. 이 은총은 하느님에 대한 신뢰와 믿음을 새롭게 하고, 마귀의 유혹, 곧 죽음 앞에서 번뇌와 좌절에 빠지는 유혹에 흔들리지 않게 해 주시는 성령의 선물입니다.

(『가톨릭교회교리서』 1520항)

병자 성사는 일차적으로 병자들의 영혼을 치유하기 위해 베푸는 성사이지만, 하느님께서 원하신다면 육체도 치유하는 성사입니다.

우리의 죄를 용서해 주시고, 영혼과 육체의 병을 치유해 주시는 하느님의 은총에 감사드리며, 그분께서 마련해 주신 고해 성사와 병자 성사를 더 열심하고 경건한 마음으로 모십시다!

/10

친교에 봉사하는 성사

성품 성사는 교회를 위해서, 혼인 성사는 사랑하는 남녀를 위해서 있다는 의미에서 '봉사의 성사'라 불립니다. 『가톨릭교회교리서』는 성품 성사와 혼인 성사가 지닌 '봉사의 성사'로서의 의미에 대해서 잘 설명하고 있습니다.

> 다른 두 성사, 곧 성품 성사와 혼인 성사는 타인의 구원을 위한 것이다. 이 성사들은 개인적인 구원에도 이바지하지만, 그것은 타인들에 대한 봉사를 통하여 이루어진다. 이 성사들은 교회 안에서 특별한 사명을 부여하고, 하느님 백성의 형성에 이바지한다.(1534항)

> "주님께서 당신 백성의 목자들에게 맡기신 저 임무는 참섬김이다." 사제직은 온전히 그리스도와 사람들과 관계되는 것이다. …… 성품 성사는 '거룩한 권한', 바로 그리스도의 권한을 나누어 준다. 그러므로 이 권위의 행사는, 사랑으로 모든

사람의 종이 되시고 가장 낮은 사람이 되신 그리스도의 모범을 따라야 한다.(1551항)

성품 성사란?

'성품 성사'聖品聖事는 교회 내의 신자들 중에서 하느님의 백성을 위해 일할 봉사자들이 하느님으로부터 신적 능력과 권위를 받는 성사입니다. 교회의 직무 수행자주교 신부 부제는 성품 성사를 받음으로써 자신들에게 위임된 임무에 임명되는 것입니다.

성품 성사의 제정과 형성

성품 성사는 예수님의 말씀과 행동에 근원을 두고 제정되었고, 구체적으로는 교회 역사 속에서 제정되었습니다. 물론 성품 성사의 형식적인 제정을 역사적 예수님에게서 유래하는 것으로 분명히 말할 수는 없겠습니다. 하지만 '축성'祝聖 혹은 '성별'聖別을 통해서 전달되는 교회의 직무는 분명히 예수님께 소급되는 것입니다. 예수님께서는 특별한 방식으로 사람들을 자신에 대한 추종으로 부르셨지요. 그분은 모든 사람들을 다 부르신 것이 아니라 특정한 사람들만, 특히 열두 제자들을 부르셨고 그들을 파견하셨습니다. 예수님의 죽음과 부활 이후에 열두 제자들은 새로운 방법으로 예수님의 부활을 증거하고, 그분을 통해 도래하게 된 하느님 나라에 관한 기쁜 소식을 전파할 임무를 받았습니다.

역사적으로 볼 때, 교회 내에서는 초세기부터 '성찬례를 주례하는 직무'가 부각되었습니다. 사도들은 자신들이 그리스도를 대신한다는 자의식으로(2코린 5,20 참조) 7부제를 선출하여 자신들의 직무에 더 충실하고자 한 것입니다.(사도 6,6 참조). 여기서 발전하여 2세기부터는 교회 내에 '감독'監督, '원로'元老단, '봉사자'奉仕者들이라는 '삼중품계'三中品階가 생겨났습니다.

루터의 성품 성사 부정

마르틴 루터는 가톨릭교회의 미사성제에 관하여 다음과 같은 생각들을 갖고 있었습니다.

- 하느님께서 죄인을 의인으로 보시기 때문에 하느님과 죄인 사이에는 예수 그리스도 이외의 중개자가 필요 없다. 죄인은 오직 신앙으로 구원을 받아들일 뿐이다.
- 그리스도께서 단 한 번만 제사를 드렸으니 미사가 (오늘을

위한 구원의) 제사가 될 수 없다.

- 말씀을 선포하는 직무만이 인정된다. '말씀의 선포' '세례와 성찬의 집전'을 위해 평신도를 선출하고 임명하는 것은 (성품 성사가 아닌) '서임식'敍任式이다.

이러한 생각들을 근거로 루터는 따로 특별한 권한과 그 행사를 위한 은총을 주는 서품성품 성사을 인정하지 않았습니다. 즉 (목사의 직무를 맡기는) 성사가 아닌 서임식만을 인정한 것입니다.

사제의 약점과 죄성

『가톨릭교회교리서』는 성직자 안에 그리스도께서 현존하시기에, 그가 나약한 인간으로서 과실 속에서 성사를 집전하더라도 성사가 주는 은총의 효과는 여전하다고 하면서도, 이러한 사실이 그 성직자가 인간으로서 가진 모든 약점, 지배욕, 오류, 죄까지도 보호하는 것으로 이해될 수는 없다는 점을 분명히 밝히고 있습니다. 즉 성직자가 죄를 짓더라도 그의 성사 집전은 성령의 권능에 의해 보증 받지만, 그가 하는 다른 많은 행위들까지 보증 받는 것은 아니라는 것입니다.

성령의 권능이 성직자들의 모든 행위를 동일하게 보증하는 것은 아니다. 성사 집전에서는 이러한 보증이 주어져서 성직자의 죄가 은총의 효과를 막을 수는 없지만, 성직자의 많은 행위들에서는, 그의 인간적인 약점들 때문에 복음에 대한 충성의 표지가 되지 못하는 경우가 있다. 그리고 그러한 행위들은 교회의 사도적 풍요로움에 해를 끼칠 수 있다.(1550항)

혼인 성사란?

혼인 성사婚姻聖事는 그리스도교 신자인 남녀가 서로 사랑하면서 한가정을 이루어 행복한 생활을 하도록 하느님의 축복을 받는 성사입니다. 혼인 성사를 통해 남자와 여자의 혼인적 결합은 은총의 질서에로 고양되고 하느님의 특별한 보호 아래 놓이게 됩니다.

성경에 나타난 혼인

구약 성경에는 창세기의 야훼계 창조 보고에서 '일부일처제'가 하느님의 특별한 관심 아래 항구하고 인격적인 결합으로 나타납니다. 사제계 창조 보고에 따르면 남자와 여자는 함께 하느님의 모상입니다.

신약 성경에서 예수님은 부부를 절대적인 일치에로 의무화하시고 혼인을 풀 수 없는 것으로 제시하셨습니다. 바오로 사도는 그리스도와 교회의 결합을 혼인에 비유하면서 혼인을 거룩한 것으로 묘사하였습니다.

혼인 성사의 제정과 변천

혼인 성사는 예수님의 말씀에 근원을 두고, 구체적으로는 교회 역사 속에서 제정되었습니다.

- 4세기에 결혼에 대한 교회 내 축복의 증언이 있었습니다.
- 4–5세기에 (성직자를 위한) 혼배미사가 베풀어졌습니다.
- 5세기에 (평신도를 위한) 혼배미사가 베풀어졌습니다. 갈리아, 스페인 등의 교회에서는 신혼부부의 잠자리를 위한 축복예식이 있었습니다.
- 9세기에 교회 내 혼인을 위한 법적인 형식이 갖추어졌습니다.
- 12세기에 당시 30여 개이던 성사 수가 7개로 고정되면서 혼인 성사가 7성사의 하나로 고정되었습니다.

부부를 만나시고 사랑하도록 도와주시는 주님

한 남자와 한 여자는 교회 공동체 앞에서의 '혼인서약'을 통해 '부부의 선익'과 '자녀의 출산' 및 '교육'을 지향하는 평생 운명 공동체를 이루게 되는데, 이 혼인서약은 주 그리스도에 의해 영세자들 사이에서는 성사의 품위로 올려졌다는 것이 교회의 입장입니다.(『가톨릭교회교리서』 1601항 참조). 교회는 혼인의 소명이 하느님께서 지어내신 남자와 여자의 본성에 새겨져 있다고 하면서, 하느님께서 서로 사랑하도록 만드신 남녀의 사랑이 인간에 대한 하느님의 충만하신 사랑을 드러낸다고 가르칩니다.

> 사랑으로 인간을 창조하신 하느님께서는 또한 사랑에로 그를 부르셨다. 사랑은 모든 인간이 타고난 근본 소명이다. 인간은 바로 '사랑이신'(1요한 4,8.16) 하느님과 닮은 모습으로 창조되었기 때문이다. 하느님께서는 인간을 남자와 여자로 창조하시고, 남녀 사이의 사랑이 당신께서 사람을 사랑하시는 절대적이고 변함없는 사랑의 표상이 되게 하신다.(『가톨릭교회교리서』 1604항)

제2차 바티칸 공의회의 가르침에 의하면 교회적인 혼인의 신학적 의미는 다음과 같습니다.

주 그리스도께서는 사랑의 신적 원천에서 솟아나고 당신과 교회의 일치를 그 모범으로 세우신 이 다각적인 사랑에 풍성한 복을 내려 주셨다. 일찍이 하느님께서 사랑과 신의의 계약으로 당신 백성을 만나러 오셨듯이, 이제 인간의 구원자이신 교회의 신랑께서 혼인 성사를 통하여 그리스도인 부부를 만나러 오신다. 그리스도께서는 이제부터 그들과 함께 머무르시며, 당신 친히 교회를 사랑하시고 교회를 위하여 당신 자신을 바치신 것처럼 그렇게 부부도 서로 자신을 내어 주며 영원한 신의로 서로 사랑하도록 도와주신다. 진정한 부부 사랑은 하느님의 사랑 안으로 받아들여져 그리스도의 구속 능력과 교회의 구원 활동으로 다스려지고 풍요로워진다.(「사목 헌장」Gaudium et Spes 48항)

혼인 성사 안에서 예수 그리스도께서 친히 보여 주신 하느님의 사랑이 사랑하는 남녀의 인격을 통해 구체화된다는 말입니다. 혼인 안에서의 남자와 여자는 함께하는 삶을 통해 불행하거나 어려움을 겪는 시간에도 불구하고 하느님을 만나고, 그리하여 자신들에게 주어지는 하느님의 구원을 체험합니다.

혼인이 성사인 이유

그리스도교적인 혼인이 성사라는 것은 다음 세 가지로 설명됩니다.

첫째, 그리스도교적인 혼인은 '아버지 하느님 앞에서' 맺는 혼인이기에 성사가 됩니다. 그리스도교적인 혼인은 창조주이시고 아버지이신 하느님 앞에서의 행위로, 부부로 하여금 자신을 넘어 무한하신 하느님을 신앙하고 향하도록 하기 때문입니다. 그러기에 부부는 혼인 파트너의 신의와 사랑의 능력만을 신뢰하지 않고 하느님을 신뢰하며 함께 구원을 향해 나아갑니다. 하느님께 대한 신뢰는 부부에게 궁극적인 안정과 확실한 기반을 마련해 주는 것입니다.

둘째, 그리스도교적인 혼인은 '그리스도 안에서의' 행위이며 '십자가의 어리석음'을 통한 행위이기에 성사가 됩니다. 십자가를 지신 주님 앞에서 혼인을 맺는 부부는 자신의 구원을 위해 수난하신 주님의 은총으로 혼인적인 생활에 있어서의 부정적인 것들을 극복해 나갈 수 있습니다. 이로써 부부는 자신의 십자가를 지고서 또 서로의 십자가를 함께 지고 구원의 길을 걸어갈 수 있게 됩니다.

셋째, 그리스도교적인 혼인은 하느님의 힘과 능력이시며 일상 속에서 체험되고 활동하시는 '성령을 통한' 행위이기에 성사가 됩니다. 부부는 그리스도와 교회의 사랑의 친교이신 성령을 받아 서로 간의 사랑을 끊임없이 길어내게 되고, 부부의 신의를 늘 새롭게 하는 힘을 받게 되는 것입니다.

혼인 합의

나(누구)는
당신을 내 아내로/남편으로 맞아들여
즐거울 때나 괴로울 때나
성하거나 병들거나
일생 당신을 사랑하고 존경하며
신의를 지킬 것을 약속합니다!

『가톨릭교회교리서』는 1626항에서 "우리 교회는 신랑 신부의 '합의 교환' 을 혼인을 성립시키는 불가결한 요소로 간주하고 있습니다."라고 말합니다. 이러한 의미를 담아 교회는 혼인 성사의 집전자는 교회의 '사제가 아니라' 신랑과 신부 당사자라고 가르칩니다.

하지만 성사적인 혼인은 전례 행위이기에 (증인의 입회 하에) 사제의 주례 하에 '교회의 공적인 전례' 로 거행되는 것이 마땅합니다. 또한 신랑과 신부가 공적으로 드러나게 표명한 혼인 합의婚姻合意는 혼인 예식 후 장차 신랑과 신부가 이를 충실하게 지키도록 보호하는 역할을 한다는 면에서도 중요한 것입니다.(『가톨릭교회교리서』 1631항 참조)

혼인의 불가해소성

"하느님께서 맺어 주신 것을 사람이 갈라놓아서는 안 된다."(마태 19,6)는 예수님의 말씀에 따라 교회는 하느님께서 친히 맺어 주신 부부의 혼인 유대는 해소될 수가 없다고 가르칩니다. 혼인의 불가해소성不可解消性은 교회 초기부터 그리스도교 공동체에 잘 알려져 있던 원칙이었습니다. 혼인의 불가해소성은 명백히 성경적인 것이고, 그러기에 교회의 공적인 공의회트리엔트 공의회를 통해서 전승된 '신앙의 유산' 입니다.

> 만일 누가 말하기를, 복음과 사도의 가르침에 따라서(마태 5,32; 19,9; 마르 10,11 이하; 루카 16,18; 1코린 7,11 참조) 두 배우자 중 한 사람의 간통 때문에 혼인의 끈이 풀릴 수 없다고, 또 둘 중의 그 누구도, 간통에 아무런 원인도 제공하지 않은 무죄한 사람조차, 다른 배우자가 생존하는 한 다른 결혼을 할 수 없다고 교회가 가르쳤고 가르칠 때, 그 교회는 잘못하는 것이라고 한다면, 그 사람은 파문이다.(DH 1807)

한편 교회 역사 안에서 바실리오, 위僞암브로시오, 카예타노, 에라스무스 같은 이들은 이혼을 위해서나 재혼을 위해서나 그것이 합법적인 것이 되려면 '간통'이 그 원인이어야 한다고 했습니다. 반면에 헤르마스, 유스티노, 알렉산드리아의 클레멘스, 오리게네스 같은 이는 간통의 경우 이혼은 허용하나 재혼은 허용할 수 없다고 했습니다. 교황 비오 11세의 경우에는 혼인 회칙 「정결한 혼인」Casti Connubii 1930을 통해 간통의 경우에도 혼인이 해소될 수 없다는 입장을 취하기도 했습니다만, 교회 안에는 간통 혹은 다른 어려운 이유들로 재혼을 허락한 경우를 보여 주는 많은 문서가 있습니다.

교회가 이렇게 혼인에 대해 해소의 가능성을 두고 조치를 취한 것은, 부부간의 신의에 대한 예수님의 극단적인 요구라 할 혼인의 불가해소성을 교회가 진지하게 받아들이고 있지만, 이혼과 재혼의 문제는 언제든 반복되는 인간사에 속한다는 현실적인 판단과 입장 때문입니다. 오늘날 교회는 "(배우자는 간통한) 상대편의 죄과를 명시적으로나 묵시적으로나 용서하지 아니하면 그는 부부의 공생을 가를 권리가 있다."(「교회법」 제1152조)고 규정하며, '혼인무효소송' 을 통해 '재혼의 가능성' 을 열어놓고 있습니다.(동방 교회도 혼인의 불가해소성을 가르치고 있지만 실제에 있어서는 이혼을 허락하고 있습니다.)

인간에 대한 하느님 신의의 표지

혼인에 있어서 남자와 여자의 관계가 그리스도와 그 교회에 대한 관계를 재반영한다는 것은 성경의 근본적인 가르침에 해당합니다. 예수님은 율법에 대해 새로운 입장을 취한 것이 아니라 '율법을 초월하는 사랑의 질서' 를 마련해 주셨습니다. 그리하여 주 예수님과 함께 율법을 뛰어넘는 '사랑의 통치' 가 시작되었습니다. 사랑하는 두 남녀는 주님 안에서 혼인하는 것이기에 그들의 혼인 생활은 하느님의 확고한 신의를 드러내는 성사적인 표지가 됩니다. 곧 인간을 구원하시는 하느님의 크신 사랑이 신랑과 신부가 발하는 '상호적인 신의'를 통해 드러나게 되는 것입니다. 이러한 의미에서 부부간의 신의를 깨는 간통은 성적인 과실이 아니라 하느님께서 베푸시는 신의와 하느님과의 관계에 대한 단절을 가져오는 잘못된 행위로 여겨진다고 하겠습니다.

배우자와 함께하는 가정 생활에 어려움을 느끼십니까? 하느님께서 님들을 부부로 맺어 주셨음을 믿고, 그분의 은총을 구하시면 좋겠습니다. 사랑으로 배우자에게 봉사하는 가운데 구원의 길을 함께 걸어가시어, 부디 성가정을 가꾸어 나가시길 기도합니다!